山中定次郎与山中商会

陈文平 牛梦沉 —— 编译

上海书画出版社

图书在版编目(CIP)数据

山中定次郎与山中商会/陈文平,牛梦沉编译.--上海：上海书画出版社,2020
 ISBN 978-7-5479-2258-3
Ⅰ.①山… Ⅱ.①陈… ②牛… Ⅲ.①山中定次郎—传记 Ⅳ.①K833.135.38
中国版本图书馆CIP数据核字(2020)第070189号

山中定次郎与山中商会

陈文平　牛梦沉　编译

责任编辑	眭菁菁　王　剑
编　辑	邱宁斌
审　读	田松青
封面设计	王　峥
技术编辑	包赛明

出版发行	上海世纪出版集团 ⑧上海书畫出版社
地址	上海市延安西路593号　200050
网址	www.ewen.co www.shshuhua.com
E-mail	shcpph@163.com
制版	上海文高文化发展有限公司
印刷	上海展强印刷有限公司
经销	各地新华书店
开本	889×1194　1/32
印张	5.5
版次	2020年6月第1版　2020年6月第1次印刷
书号	ISBN 978-7-5479-2258-3
定价	68.00元

若有印刷、装订质量问题，请与承印厂联系　电话：021-66366565

编者的话

毋庸置疑，20世纪上半叶外国人开设在中国境内的最大古董买卖机构非日本的山中商会莫属。该商会在中国的活动长达三十余年，向日本和西方大规模地贩卖中国的文物艺术品，可谓空前绝后。作为山中商会灵魂人物的一代古董巨擘——山中定次郎，在其精心策划和强力运作下，成千上万的中国文物艺术品像潮水一般流向海外。

日本明治27年（1894），29岁的山中定次郎赴美国开拓市场，先后在纽约、波士顿、芝加哥开设古董店。1900年在伦敦开设分店，1905年在巴黎开设代理店。期间，他在西方结识了一批高端客户和著名大富豪，如：比格罗（Bigelow）、费诺罗萨（Fenollosa）、弗利尔（Freer）、洛克菲勒（Rockefeller）、肯特大公（Kent）、大维德（David）等，为开辟西方市场作了周密的布局，成为他们的东亚文物艺术品供应商。

大正元年（1912）3月，山中定次郎在友人陪伴下，来到北京恭王府，通过小恭亲王溥伟购走了恭王府中除字画外的青铜器、陶瓷、玉器、翡翠等全部旧藏，这是一笔获利极其丰厚的"生意",给山中定次郎带来了一生最大的辉煌,同时也奠定了山中商会成为世界上最大中国文物艺术品交易商的地位。

大正6年(1917),山中定次郎在北京东城麻线胡同三号正式设立了北京办事处,成为山中商会向海外贩卖中国文物艺术品的据点和中转站。1924年和1926年,山中定次郎两次亲自登临考察天龙山石窟。根据现有的调查,1927年前后流失海外的天龙山造像名品,大多是由山中商会在背后操作,盗凿贩售的。

根据笔者调查统计,山中商会在日本和西方举行的中国文物艺术品拍卖会、展销会,有案可查的就多达六十次以上,展品在一万件以上。现藏于美国纽约大都会博物馆、华盛顿弗利尔美术馆、洛克菲勒亚洲艺术基金会、西雅图艺术博物馆、波士顿美术馆、纳尔逊美术馆、芝加哥美术馆、哈佛大学艺术博物馆,加拿大安大略考古博物馆,英国伦敦大英博物馆、伦敦维多利亚与艾伯特博物馆,日本东京国立博物馆、京都藤井有邻馆、根津美术馆等的中国文物珍品,不少来自于山中商会。

由于山中定次郎向英国贩卖了大批东方尤其是中国的文

物艺术品，1919年和1920年，他获英王和王后赏赐的皇室御用印（Royal Warrants），在国际古董界引起轰动，为他和山中商会带来世界的声誉，被称为"世界的山中"，山中定次郎步入其人生的鼎盛期。昭和11年（1936）10月30日，山中定次郎因病在大阪私邸中去世，终年71岁。西方世界因他搜罗、贩卖东方艺术品（包括中国珍贵文物）的"功劳"颁给他一系列的荣誉，不仅日本皇室，而且其他西方国家也都授予他勋章。

1942年太平洋战争爆发后，山中商会在英国、美国、法国的资产和存货被视作敌产查封，山中商会失去了占总资产80%的海外资产，而且，从中国大陆搜罗文物艺术品的渠道也因中国抗日形势高涨而中断。北京山中商会分店的资产和文物艺术品，1945年作为敌产被民国政府查封（1949年转交中华人民共和国中央人民政府，现在藏于中国国家博物馆）。与此同时，日本国内的展览销售也于昭和18年（1943）终结。

2015年初，笔者接受国家文物局"山中商会经营中国文物调查"委托项目，在调研过程中，深感有关山中定次郎的生平和山中商会的历史轨迹，其基本资料主要是山中定次郎去世后，于昭和14年（1939），由故山中定次郎翁编纂会编纂出版的《山中定次郎传》。该书是一本歌功颂德、溢美先人之作，由于当时为非卖品，限量出版1000册，主要用于馈赠传主生前好友，是以存世者稀少，从而使其成为研究山中定次郎及山中商会弥足珍贵的资料。不言而喻，由日文版《山中定次郎传》编译的《山中定次郎与山中商会》中的第一部分有关山中定次郎生平的内容，将为我们研究和追踪流失海外的中国文物提供一份不可或缺的第一手重要参考资料。

书中还包括：一、山中商会展销（拍卖）中国文物艺术品展会一览表；二、中外博物馆藏山中商会贩卖的中国文物艺术品知悉录；三、近年拍卖公司所见山中商会曾经手的拍品；四、山中商会经手重要中国文物艺术品彩图。这些都是由笔者长期收集的资料整理而成，此次一并刊布以飨读者。

最后，我还要感谢钟惠明先生对本书出版的大力支持。

陈文平于上海大学

2018年10月

目　录

编者的话　/ 3
一　山中定次郎生平事迹 / 13
1. 定次郎的出生　/ 13
2. 勤学的孩童时代　/ 14
3. 定次郎的婚姻　/ 16
4. 期待已久的美国之行　/ 17
5. 比格罗戒指的故事　/ 18
6. 铁道与马车的时代　/ 18
7. 深入"虎穴"　/ 19
8. 开店时的奋斗　/ 20
9. 爱护自家的商品　/ 23
10. 从美国到英国的扩张　/ 25
11. 日本最初的电影介绍　/ 26
12. 国外工艺品首展　/ 28

13. 外务省的关照 / 31

14. 英国王室赐予皇家认证 / 32

15. 探寻东西方的古代美术品 / 33

16. 大阪最初的美术讲演会 / 34

17. 再次探访中国佛教圣地 / 35

18. 应邀前往瑞典斯德哥尔摩宫廷 / 37

19. 受赐日本天皇绿绶奖章和法国政府勋位 / 38

20. 发扬民间艺术品的功劳 / 39

21. 美术界首见的古董 / 40

22. 德国政府授勋 / 41

23. 天山纪念共济会的成立 / 43

24. 定次郎的病逝 / 45

25. 破格的恩典授位 / 47

26. 法国的两次授勋 / 47

27. 盛大的公司葬礼 / 48

28. 定次郎的宗教热情　/ 50

29. 日常生活　/ 51

30. 饮食　/ 52

31. 兴趣爱好　/ 53

32. 家庭与家人　/ 54

33. 做事一丝不苟　/ 57

34. 两位博士的坟墓　/ 59

35. 职业是自己的兴趣所在　/ 61

36. 员工是自己的分身　/ 69

37. 定次郎的笔记和通信　/ 72

38. 盆栽植物的输出　/ 75

39. 十八座观音像　/ 76

40. 恭亲王的收藏品　/ 77

41. 在寒冷的仓库度过半天　/ 80

42. 出口京巴犬　/ 81

43. 松方氏旧藏的浮世绘版画　/ 82

44. 定次郎的雅量　/ 84

45. 瑞泉寺的供奉计划　/ 85

46. 艺术品捐赠与其他　/ 86

二　山中定次郎简表　/ 87

三　天龙山石窟实地调查记　/ 102

四　山中商会展销（拍卖）中国文物艺术品展会一览表　/ 133

五　中外博物馆藏山中商会贩卖的中国文物艺术品知悉录　/ 136

六　近年拍卖公司所见山中商会曾经手的拍品　/ 153

七　山中商会经手重要中国文物艺术品彩图　/ 157

晚年时期的山中定次郎
摄于昭和 11 年（1936）7 月

青年时期的山中定次郎
摄于明治 29 年（1896）

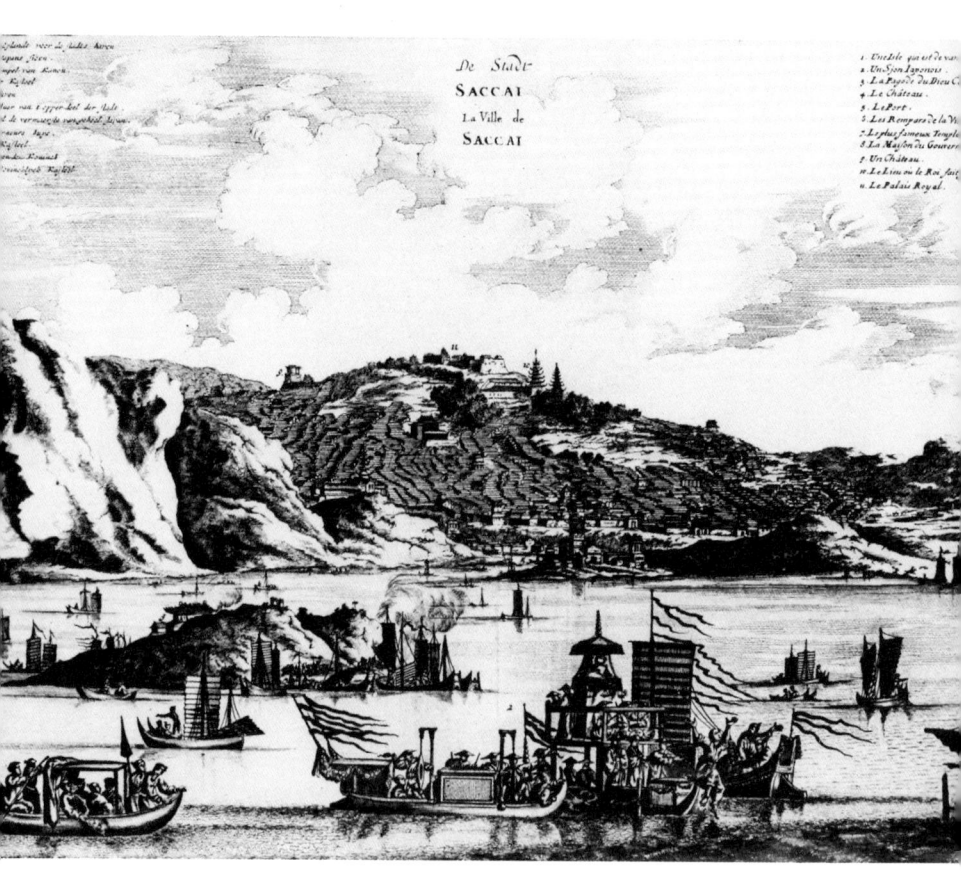

山中定次郎的出生地大阪堺市

一　山中定次郎生平事迹

1. 定次郎的出生

庆应2年（1866）7月11日，在大阪堺市甲斐町七号地，定次郎作为安达信五郎的长子呱呱坠地了。

当时，日本德川幕府正处于崩塌的前夜。这一年春天起，发生了长州之征，兵库、大阪、江户等地的饥民骚乱，接着在7月20日，第十四代将军德川家茂在统帅征讨长州的军队时薨逝于大阪城，一桥中纳言（即德川庆喜）继承将军之位，就任征讨长州军队总指挥，接着在12月5日将继位之事昭告天下。这个月的25日，孝明天皇又驾崩了。这一年真可谓大喜大悲的动荡之年。另一方面，这一年中许多陈旧的弊端被根除，改革了诸项旧制，带来清新风气的王政复古的一大契机，也像穿破夜空的拂晓之光，悄悄来临了。

如果按照命运论者的说法，人的出生与胎儿时期的环境及所受的刺激有莫大的联系，那必然可以断言，定次郎那包含吉凶祸福、跌宕起伏的七十一年人生，也正是从他出生那年就已注定的。

定次郎的父亲那一代就从事古董艺术品生意，因此，定次郎对于古董的了解和知识好像是与生俱来的。他12岁时从堺市寻常高等小学校毕业，按照当时的风俗，毕业之后他便开始在父亲膝下见习家业，日日跟随父亲出入大阪，练习从同行的店铺购买物品、鉴定古董、处置艺术品等工作和其他各种实际业务。

2. 勤学的孩童时代

正如壮年狮子为了锻炼幼崽的健壮与勇气，会从千仞高的峡谷把幼狮丢下一样，为人父母真正的慈爱，是为子女提供困难与挫折的体验，以培养孩子不屈不挠的意志和忍耐与独立的品格。

定次郎的父亲也遵从这个道理，为了磨练他的意志，从他13岁的秋天起，便把他送到了古董艺术品的殿堂，位于大阪东区高丽桥三丁目的山中吉兵卫那里，吃住在此，成为学徒。这一年是明治 11 年（1878）。

当时，大阪学徒的生活方式尚承袭旧幕府时代，对于只知道当今世道的人来说，包含了简直无法想象的辛劳与困难。

定次郎不仅承受住了这些艰难困苦，他还热情帮助其他的学徒，忠心侍奉主人家，并珍惜一点一滴的片刻光阴，修得了精深的业务能力。

明治维新以后，诸项制度接连改善，随着社会面貌焕然一新，欧美的文化也如潮水般涌入，影响了日本的千家万户。"文明开化""上等舶来"等新鲜词汇被带进大街小巷，有上进心的年轻一代，都沉浸于学习外语的热情之中。聪慧敏捷的定次郎，也认清了社会现状，决心将自己独立后的舞台延展至全世界。他利用工作的闲暇去松村敏夫开办的英文私塾学习英语，一心向学，为后来的名声打下了基础。

定次郎 19 岁时，因为向往国外，瞒着主人家独自赶到横滨，但在那儿被人追上带回了老家。他当时对去往海外的热情可见一斑。

3. 定次郎的婚姻

定次郎 24 岁时，在老板吉兵卫的强烈要求下，迎娶了他孀居的长女山中贞，并将自己的姓氏由安达改为山中，当时是明治 22 年（1889）4 月 3 日。成为主家的入赘女婿一事，也成为了定次郎精通业务、忠于主家的最好证明。

雄心勃勃的定次郎自从入赘以后，仿佛如虎添翼，只等着一个好机会，可以施展自己的能力。

山中家族谱系

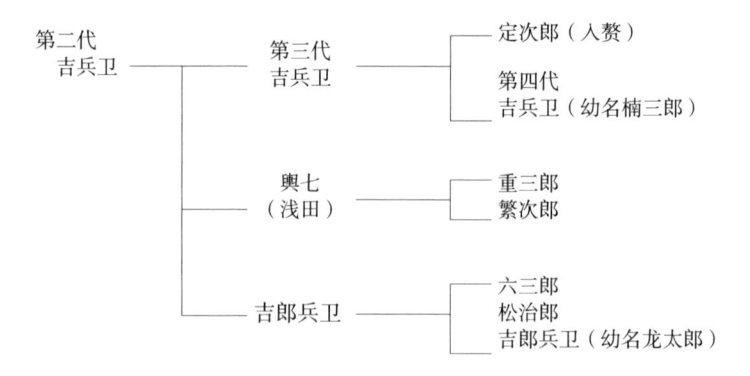

```
第二代       ┌─ 第三代    ┌─ 定次郎（入赘）
吉兵卫 ──┤   吉兵卫  ──┤
         │            └─ 第四代
         │               吉兵卫（幼名楠三郎）
         │
         ├─ 奥七        ┌─ 重三郎
         │ （浅田）  ──┤
         │              └─ 繁次郎
         │
         │             ┌─ 六三郎
         └─ 吉郎兵卫 ─┤   松治郎
                       └─ 吉郎兵卫（幼名龙太郎）
```

4. 期待已久的美国之行

明治27年（1894）11月3日，定次郎登上"中国之环号"蒸汽船，迈出了实现多年来目标的第一步。虽然，当时的他怀抱着怎样的喜悦与激动之情，已不可知晓，但这次出发，是他漫长的七十一年人生中多达数十次访问东亚及欧美各国的开端。他在海外考察文化与艺术，并收集了大量艺术品，其行程可能多达几十万公里。作为如此意义重大的旅行的开始，这次出发对定次郎来说，必然是终生难忘的。

定次郎能完成如此壮举，是仰仗前辈山中吉兵卫和山中舆七等人的帮助，为他提供了旅费资助而实现的。山中家族决定派出另一位族人山中繁次郎与他一同开拓海外市场，于是两名年轻人带着塞满了日本独特艺术品的箱子，踏上了旅程。

山中定次郎一行赴美乘坐的"中国之环号"

5. 比格罗戒指的故事

到达憧憬已久的美利坚之后,在比格罗博士(Dr. William Sturgis Bigelow)、莫斯博士(Dr.Edward S.Morse)和费诺罗萨教授(Dr.Earnest F.Fenollosa)的帮助下,定次郎在纽约市西区二十七街开设了一家小小的店铺,并进行了第一次试卖。

在当时的美国,由于尚不存在由日本人经营的日本艺术品及工艺品店,他的店铺吸引了美国人极大的好奇心,试卖会也取得了超出预期的成功,这让定次郎欢欣雀跃。第二年2月,他在纽约市西二十七街二十号地新开设了店铺,悄无声息地奠定了后来山中商会海外分店的第一块基石。

6. 铁道与马车的时代

定次郎接着在明治32年(1899),又在波士顿开设了分店,主要经营贩卖中国的新旧艺术品、日本的工艺品和各类小物件。

实现了拓展海外市场的夙愿,对年轻的定次郎来说是多么令人热血沸腾的一件事,相信他当时的满足之情溢于言表,读者可以自行想象。

7. 深入"虎穴"

当定次郎最初提出赴美的计划时,山中家族的人们都很震惊,认为过于冒险。虽然大多数人反对,敏锐地察觉到时势的定次郎还是通过不厌其烦地解释当今世道的变迁,表达自己如钢铁般坚定不移的意志,说服了整个家族的人。

不入虎穴,焉得虎子,由于这样的背景,定次郎在实施计划时已经立志,若不成功便死也不回日本,挺身前往"虎穴"。

在万里之外的异国,语言、风俗、习惯都与日本不同,定次郎只用了短短四五个月的时间,就获得了美国人相当深厚的信任,并打下了稳固的基础。可以想象,他的成功,绝不是通过一般程度的努力就能达到的。

在定次郎贩卖的商品中,大部分是符合美国人审美的质量上乘之作。同时,他充分站在买家的立场考虑问题,并有着亲切而可靠的态度,这些都促成了他的生意很快获得成功。

当然，更是因为他擅于社交的品性被众人所认可，才能取得这样的成功。

定次郎在纽约不仅发挥着商人的才干，他的内心还保有着独立的灵魂。无论在怎样的场合，面对外国人，他都不忘自己"来自伟大的日本国的商人"的初衷，以奉献的精神对待各种事。正因为如此，他才能在如此短的时间内，在外国人中获得极其深厚的信任。

8. 开店时的奋斗

在最初开店时，定次郎仅仅与繁次郎、山中松治郎一起，外加牛洼第二郎和后来赴美的森太三郎，总共仅有五人在店铺中忙碌。可以想象，他们一定面临人手紧缺的问题。然而，由于在当时的美国，雇佣一个人的工资是每天三美元，如果要加班到夜晚，则还要多加三美元。为了节约这项花销，他们五人日以继夜地拼命工作，有时甚至累得在深夜流下鼻血。据说，在这段拮据的时期，曾发生过价值二百美元的窗户玻璃被不小心打碎的事情，如果要赔，不仅盈余荡然无存，他们还要举债才能还清赔款。定次郎甚是担心，幸好，这块窗玻璃本身带有保险，他们才免于赔偿。

当时的店铺只是一间简陋的小店面，天花板上装有吊柜，物品就存放在那些柜子里。定次郎他们五人借住在附近，每日往返。

由于店铺门面很小，不得不通过博人眼球的装潢和具有新意的饰物来吸引路人的注意。定次郎在这方面可谓绞尽脑汁。最终，他在店铺里设计了日式的壁龛，在墙上挂立轴画，在周围也安排了风格统一的饰物。五个人都期待第二天开张时，客人们能被这奇特的装饰风格所吸引。他们回到住处后，森太三郎独自来到店铺查看时，发现店里有奇怪的声音，最重要的壁龛附近竟不断有水滴下。他吓了一大跳，赶紧把挂轴画取下，跑回住处向定次郎他们报告了此事。定次郎一边问"挂轴拿下来了吗"，一边带着大家赶到店里。经过查看，他们发现漏水的原因是楼上的水管破裂，于是马上开始修理，终于在第二天一早按原计划准时开店，为络绎不绝来到店里的客人提供了令人满意的服务。也许是因为这件事在定次郎心中留下了深刻的印象，他在后来也多次向身边的人提起这个故事。

接着，在明治32年（1899）左右，定次郎他们在波士顿尝试贩卖日本运来的小物件。他们从三十捆包的箱子里取出货品，将其陈列，结果，到傍晚五点半左右，店里的商品已经被抢购一空。于是，定次郎带头，几个人在每天深夜就开始着手第二天的开店准备工作，将几十捆物品拆包、陈列，在第二天白天将它们销售一空。当时的他们连抽根烟的空闲都没有。

纽约分店开设时山中定次郎书写的账簿

9. 爱护自家的商品

定次郎在店里当值的时候，总是拿着一块抹布，边走边擦拭商品和陈列柜上的灰尘。如果发现店里的员工正在发呆，就会对他们说："你们在干什么？如果这样干站着看到店里结了蜘蛛网，你们一定是因为不想用手或衣袖打扫掉它们而假装没看见吧！如果一直拿着一块抹布，不就能及时清扫了吗？"一边说，一边打扫着店内各处。与其说定次郎这样做是为了给其他店员树立榜样，不如说这是为了传递热爱自家商品的心情，同时也让顾客感觉舒适而发生的自然而然的行为。因此，没有一个店员因此而感到不愉快。

对于自己负责的商品，定次郎总是对其倾注深厚的情感。他不仅亲自打扫这些商品，如果看到商品的摆放陈列有偏移，也会及时将其摆正。对于已经卖出的商品，即使是仅仅一美元的物品，他也绝不会用脏箱子去装它。因为他认为，这样不仅有损顾客的心情，更让人为物品感到可惜。不管花费多少成本，他都会选用没有污渍、没有缺损的干净箱子进行包装。即使是为了防止商品受到冲撞而填入的缓冲材料，也不能使用脏报纸，而要亲自监督，用布巾再次擦拭商品后，用洁净的包装纸将其包裹。完成了这样的包装后递交到客人手中，让客人也感到心情愉悦。为了判明包装商品的材料到底应该选用透明纸还是白纸，他甚至亲自进行了各种各样的研究。

商品并不是只要卖出去就万事大吉了，定次郎认为，在出售商品时，应该保证顾客对商品已经具备充分的了解，让他们能够怀着喜悦的心情来购买。为了实现这样的目标，他在商品展销会期间，会制作解说每件商品用途及原理的说明卡片，张贴在对应的商品后面，还会制作精美的图录和小册子，并将这些材料提前寄送给熟客，让他们在展销会之前就获得许多关于商品的知识。在定次郎的晚年，大阪美术俱乐部和日本艺术协会等机构开展的各种展示会中，多会附赠精美程度堪比艺术品的书籍图录，这正说明了不管在何时何地，定次郎的经商理念，都是时刻保持绅士风度，始终维持顾客至上的态度。

10. 从美国到英国的扩张

山中商会曾经是个人经营的商铺，由于定次郎在美国的奋斗和活跃，预期的业绩被逐渐看好，如果继续维持个人经营的性质恐怕多有不便。于是，在明治33年（1900），山中商会改制为同名的公司组织，定次郎则担任负责业务执行的职员。很快，仅仅以美国为舞台的山中商会开始越过海洋，在大西洋对岸的英国伦敦开设了一家分店。这大大扩大了山中商会的影响范围，伦敦分店由山中六三郎、富田熊作等人常驻，后来还派出了冈田友次等人加入。

定次郎积极进取的奋斗很快收获了成果，山中商会的营业额

合伙公司时期海外三分店负责人，中：山中定次郎（纽约）、左：山中繁次郎（波士顿）、右：山中六三郎（伦敦），1934年东京日本美术协会

山中商会创立者初代山中吉郎兵卫（上）、二代山中吉郎兵卫（下）

水涨船高。其中的最高荣誉，是他获得了英国和其他欧洲各国皇室的信任，成为了他们指定的日本、东亚艺术品供应商。

11. 日本最初的电影介绍

在最近五十年中，全世界的文化获得了飞跃式的发展。以电灯、电话、录音机、飞机、汽车、电影放映机、广播等发明为代表，出现了各种各样的通用电器和工具。特别是电影放映机、飞机和广播，它们对全世界人民的日常生活和全社会组织的发展都产生了巨大的影响，触发了巨大的变革。这一点，无须赘述。

山中定次郎虽然身材瘦弱，但却拥有一颗澎湃激昂的爱国之心，并保有这积极进取之心。在本职的古代艺术品进出口业界，他不断与欧美等发达国家的顾客接触，获得了先进的思想，对这些国家的了解也日益深入。不管是国家位置的远近、经商盈亏的多寡，只要是能够帮助日本实现文化发展与进步的信息，无论是否与艺术品行业相关，他都积极引入。这些先进的欧美文化对尚沉浸在旧梦中的日本人产生了深深的刺激，定次郎对日本国家文化的发展作出了持久的贡献。试举一例：在日本电影界的黎明时期，定次郎积极推动了电影放映机的引进，并以直营的方式在日本公开放映电影。这对当时尚处于萌芽阶段的日本电影业，无异于启蒙的曙光。日本电影能发展至今日这般丰厚的成果，也可以说是拜他所赐。然而，这样伟大的功绩却几乎不为人所知，实在是遗憾至极。

明治37年（1904），旅居美国纽约的定次郎，偶然观赏了美国爱迪生公司制作、在道格拉夫剧场上映的电影。仅仅以此为契机，他就买齐了长达5000英尺的胶片和放映所需的一系列工具与机器，亲自将这些物品带回日本，以大阪道顿堀的中座为舞台，公开放映了这些影片，放映活动也获得了丰厚的盈利。然而，当时的放映技术尚未得到充分的发展，倒回胶片的机器还不存在。所以，被放映过的胶片，必须由人手工倒回到最初的位置，电影也因此每天只能放映两次。有限的放映次数更助长了公众的观影热情，据说，当时在中座购买电影票的人流，从心斋桥一直排到戎桥，延伸至宗右卫门町。

日本最早的电影，是明治29年（1896）稻畑胜太郎在法国拍摄的《畅游米兰》。这是一部记录法国之行的电影，主要画面是三个男人喝啤酒痛饮的场景。这部影片的胶片长度只有约50英尺，经横田商会引入，最早在关西地区公开上映。紧接着，栉引氏几乎与稻畑胜太郎同时，引进了由爱迪生公司制作的风光片，并在东京神田的锦辉馆上映。除此之外，当时仅有其他少数人尝试参与过电影事业。

山中定次郎涉足电影业的时间虽略晚于稻畑先生等人，但由他引进的影片长达5000英尺。此外，由于定次郎是亲自引进影片，再以本人直营的形式进行公开放映，这也与稻畑先生的情况不同，在日本的电影史中也当纪下笔。由于这段经历尤其贴别，特意加以说明。

12.国外工艺品首展

不知是在明治几年，定次郎从海外各国进口了许多工艺品，并在大阪进行了公开展览。这些工艺品包括来自亚洲近东地区、荷属印度、希腊、君士坦丁堡等地。在日本，这样的展览实属开天辟地。不论是对于工艺品业界，还是对于进出口业界，都造成了冲击。

另外，为了向欧美各国出口日本的精美工艺品，定次郎还开设了制作工艺品的工厂。这一年，他在大阪市北区上福岛二丁目购买了一大片土地用于工厂的建设，并聘请了当时担任石川县工业学校校长的村上九郎先生担任厂长，召集了上百名手工艺人，研发了许多以日本特有的雕刻技巧制作的工艺品。在这个工厂制作完成的产品，首先被送往波士顿的分店。这些工艺品，大部分是适用于西洋家具的物品或是室内装饰品，它们都符合欧美的审美喜好，因此得到了极大的欢迎。另一方面，这些工艺品还被用于居住在美国的高峰博士、日本俱乐部等其他欧美各国名流的宅邸中。通过将工艺品的设计和制作业务外包，不仅提高了生产效率，也使山中商会能够将精力集中于介绍这些工艺品所包含的日本独有的精巧技术和精细品位上。

制作这些工艺品的工厂拥有极高的技术，在明治37年（1904）的圣路易斯博览会上，该厂出品的采用日光工艺的极其精巧的室内装饰品，获得了评委会颁发的荣誉奖。山中商会售卖的工艺品能受到欧美各国顾客如此欢迎的原因，除了制作工艺品的工厂技术高超，也包含了定次郎的苦心和努力。

不料获得了如此荣誉的工厂，在明治42年（1909）7月30日大阪北区的大火中化为灰烬。然而，定次郎却因此奋发图强，不仅重建了工厂，还使家庭作坊式的手工艺品制造业获得了更大的技术提升，并把它们的作品输送到欧美各国的市场上。

山中商会工厂制作的家具

13. 外务省的关照

这一年，主营新式小物件的波士顿分店由于业绩不良，陷入了暂时关门歇业的危机。正当大阪总店的负责人讨论这个议题时，波士顿的市民中，有一些人不知怎么听到了这个消息，对此感到非常惋惜。他们拜访了当时的纽约总领事水野幸吉先生，还做出了许多其他努力。水野领事深受感动，考虑到日本出口业的未来，他决定通过日本外务省（外交部），联络定次郎征求意见。外务省联络了当时的大阪府知事高崎钦章先生，向山中商会提出了保留波士顿分店的建议。山中定次郎也被波士顿市民的诚挚情感和日本政府的尽力斡旋所打动，改变想法，认为为了将来更大的发展，可以承受当下一定的亏损。协议后，山中商会决定保留波士顿分店。他们立即对日本政府作出了答复，并告诫波士顿分店的工作人员，为了保证店铺的正常运行，必须付出更多的努力，对顾客也必须倾注比以往更多的感情来提供服务。受到了这样大的激励，还收获了数倍于以往的波士顿当地市民的拥护，这也成为后来山中商会获得巨大成功的基础之一。

大正 6 年（1917），山中商会在中国北京开设了分店，翌年（大正7年）6月，商会将组织改制为有限公司，资本金为二百万日元，山中定次郎就任社长。

14. 英国王室赐予皇家认证

在这之前，山中定次郎从明治33年（1900）起，就受到英国维多利亚女王、爱德华殿下、亚历山大殿下等皇室贵族的委托成为供货商。在大正8年（1919）12月1日和大正9年（1920），受到乔治国王、玛丽王后赏赐的代表荣誉的皇室采购认证印章，更进一步地提升了山中商会的信誉。对于在海外经营的全日本的商人来说，这项代表了信誉和品质的荣誉也让他们感到扬眉吐气。

说起来，在海外经营艺术品的日本商人获得来自皇室的

英国皇室采购证印章

如此殊荣，也是从山中定次郎开始的。这项荣誉，在日本出口业的历史上也值得铭记。

15. 探寻东西方的古代美术品

大正10年（1921）6月3日，山中定次郎就任社长后第一次出访欧美，意气风发地开始了考察的旅程，直到次年4月30日才结束行程回国。他作为新任社长，考察了位于海外的各个分店、办事处，通过宣扬新的商业策略和经营方针，激励了上上下下的工作人员。在接下来的大正12年（1923），定次郎更在访问欧洲各国时，从各地收集了许多古代艺术品带回国内，并马不停蹄地在当年5月，以大阪美术俱乐部为会场，举办了东西古美术展览会。大正13年（1924）6月，他又寻访了以北齐、隋、唐等朝代的佛教石刻为特色的中国山西省天龙山石窟，在考察了上关的二十四窟后回国。关于这次考察，他留下了《天龙山石窟考察记》这篇文章。作为参考，在本书最后收录了这篇文章，以供读者参考。在该记录中插入的各种手绘图，都是他亲自绘制的。

16. 大阪最初的美术讲演会

大正13年（1924）秋天11月，以大阪美术俱乐部为舞台，承续前一年的东洋古代艺术品展，举办了包括日本、中国、朝鲜、埃及、波斯、希腊、荷兰等各个国家艺术品在内的大型古代艺术品展示会。同时，邀请了当时东京艺术学校的校长正木直彦、该校教授大村西崖两位学者，在会场内就东方艺术品和陈列在当场的各种古代艺术品为主题，开展了讲座活动。不仅艺术品商人，普通民众也可以自由参与听讲。在大阪，开展这样的企划活动也是第一次。可见，定次郎的工作在当时是走在时代前列的。

在这之前，虽然也开展过各种各样的常规性讲座，但多为单纯的讲座活动，即使其中穿插了艺术品实物的展示，也仅限于数量非常少的参考物。因此，除了专门从事相关行业的人员，普通群众对这类讲座的兴趣不高。在定次郎这一次的计划中，几乎弥补了以往所有讲座活动的缺陷，实现了一次大规模的讲座。通过大阪美术俱乐部中展示的多达数千件的佛像、陶瓷器、金石艺术品等高质量文物，两位学者进行了内涵深厚的演讲，不仅引发了在场所有听众的兴趣，还促使许多人在后来进入艺术品研究行业，以此为事业，贡献了一生。这也是定次郎不得不提的功劳之一。

17. 再次探访中国佛教圣地

闲不住的定次郎，在大正14年（1925）元旦过后，立即整顿行装奔赴中国，对洛阳龙门、大同云冈等佛教遗迹进行了探访。

龙门石窟，是位于河南省洛阳城南三十里处的伊阙龙门山山崖上雕刻而成的石窟寺。北魏孝文帝太和十八年（494）迁都洛阳前后，由皇帝的远方表兄惠成和尚承领皇帝的旨意，开凿和经营了名为古阳洞的第一窟。此后，到唐代为止，历代不断在此处开凿石龛，并在石龛内雕刻了大量的佛像。云冈石窟，是位于山西省大同府西北三十里云冈堡武州山山崖上的石窟寺，它是北魏文成帝在太安元年（455），指派僧人云曜主持开凿的。最初凿成了五处石窟，于和平三年（462）完工。此后，石窟开凿也没有停滞，逐渐成为历史悠久的石窟寺及佛像遗址。定次郎为了探访这两处佛教遗址，忍受了

站在吴哥窟石佛旁的山中定次郎

天龙山石窟内的山中定次郎

许多困苦。完成这次考察旅行后，他继续探访了法属印度、暹罗、南洋等各地的佛教遗迹，并对它们进行了热心的研究。

在这段时期，定次郎还造访了荒废已久的柬埔寨吴哥窟和爪哇的婆罗浮屠等遗址。在打道回府之前，定次郎还巡游了欧美诸国，在第二年，即昭和元年（1926）4月2日终于回到日本。然后，这一年的10月，他再次探访了中国天龙山，进行了更加深入的探查。回国后，他在11月于大阪美术俱乐部举行了全世界东西方三十余国染织工艺品展览会，并在该展会闭幕后，于同一地点继续举行了东西方古代艺术品展。这次展览中，定次郎向世人公开了印度的犍陀罗和埃及的古代雕塑等艺术品,对日本美术界产生了极大的冲击。

从大正13年(1924)起,定次郎每年都主持这样的世界古董艺术品展。由于其展品丰富、学术研究价值极高,每次召开都能吸引大量研究学者及鉴赏家参与,被称为日本艺术界的一大盛会,他的声誉当然也因此在艺术界逐渐提高。

18. 应邀前往瑞典斯德哥尔摩宫廷

昭和6年(1931),为了考察欧美各国的艺术品,同时收集在各国新出现的工艺品,定次郎赴欧洲旅行。旅欧途中,他受到瑞典皇太子殿下的召见,被恩准参观了该国宫廷中收藏的大量艺术品,并对它们一一进行鉴定,向皇太子讲解。皇太子对定次郎的解说非常感兴趣,他高兴地在艺术品的说明卡片上逐一记下定次郎的解说,在大约两小时的鉴赏活动后,还邀请定次郎一同饮茶,并进行了很多关于艺术品的交流。这段经历对定次郎来说,也是无上的荣誉。

这一年的5月27日,定次郎回到日本。由于此次旅行中收集到的新式工艺品、陶瓷器、金属制品等代表了欧洲各国的最新创意和技术，充满了看点，所以他借用大阪北滨二丁目的山中吉郎兵卫的陈列处，将它们进行了展出。由于此次展出面向全体大众，这些新式艺术品对日本的工艺品创作者产生了不小的冲击和帮助。

定次郎还致力于将本国工艺品输出到海外，开拓新的市场。他特意聘请了外国设计师，力求生产出兼具日本传统特色和现代创意的作品。

19. 受赐日本天皇绿绶奖章和法国政府勋位

这一年的5月，定次郎在美国芝加哥开设了新的分店，进一步扩大了业务范围。在5月6日，法国政府为了表彰他将法国工艺品介绍到日本和其他国家的功绩，授予他骑士勋位。到了11月，为了表彰他对日本艺术界的卓越贡献，日本政府也授予他绿绶勋章。对于定次郎来说，再没有比这更高、更能让他满足的荣誉了。因为，这些荣誉正代表了国内外政府对他工作的认可和理解。就这样，他由于工作而获得的荣誉层出不穷。由于履行了踏实可靠的经营方针，在昭和4年（1929），他主持将山中商会有限公司的资本金增加为300万日元，更进一步地保证了他在今后的经营活力。

20. 发扬民间艺术品的功劳

昭和7年（1932）5月，定次郎在大阪美术俱乐部举行了"东西古美术展"，将民间艺术的魅力在国内大张旗鼓地传播。

他真可谓日本民间艺术推广运动的一大功臣。虽然民间艺术中的各种杂项的影响力没有延续到今天，但在当时，它们的价格急剧升高，确实是他不懈努力的结果。关于这一点，业界中任何人也不能否认。

通过他对民间艺术杂项的推介工作，可以看出他拥有卓越的审美眼光。同时，也可以证明他在工作上的信条——"事在人为"。他认为，不管是什么商品，只要有把它好好卖出去的决心，并付出努力，就一定能卖得出好价钱。可见，作为商人，他拥有天才般的睿智和洞察力。

山中定次郎的最后一次欧美旅行，实际是在昭和6年（1931）。1月，他乘船赴美，探访各地之后，在6月折往欧洲，之后返回了日本。

21. 美术界首见的古董

山中定次郎始终致力于为日本艺术界提供新奇的刺激，在昭和10年（1935）5月9日至11日，大阪美术俱乐部进行了为期三天的展会，将波斯的卡菲尔铜器，阿富汗的哈达尔人塑像，来自中国敦煌的文物，还有埃及、希腊、罗马、犍陀罗等地区的塑像，以及中国的古代青铜器、明清时期官窑的陶瓷器等艺术品一同展出。这样的东西方古代艺术品展览会，对日本艺术界造成了不小的冲击。

在此次展览会中，第一次在日本被人所知的艺术品，是来自阿富汗东部哈达尔的塑像。它们大约在4世纪产生，经过了长时间的埋没，在昭和6年（1931）偶然被发现。此后，发掘取得了法国政府的许可，工作得以继续。当定次郎将其展示在日本国民面前时，除了当时帝国大学的两三位教授，尚没有人见过这样的艺术品。这样不为人所知的艺术品，被称为"处女品"。因此，"处女品"的人气逐步提高，每天都有无数人潮来。此外，在昭和5年（1930），以伊朗西部的山区为中心的伊兰阿尔曼地区，位于哈马丹地区和巴格达地区之间的卢里斯坦地区出土了中亚早期的艺术品，这六十多件卢里斯坦古代铜器，也和哈达尔的塑像一样，作为"处女品"紧紧抓住了古董研究者和鉴赏家们的心。

这些古代铜器，都是从古代墓葬出土的，它们的形态多样，有手指、斧头、人、羊、马、双龙剑、双羊等造型，它们充满古朴气息且富有雅趣，让日本艺术界感受到了深深的震撼。

紧接着，他又在东京上野的日本美术协会会场举办了"世界古美术展"，这次展览会也获得了极高的评价。

22. 德国政府授勋

昭和8年（1933）6月23日，德国的兴登堡总统为了奖赏山中定次郎将德国的艺术品介绍给日本及世界各地的功劳，特别授予他罗汀·克罗伊兹（Roten Kreuz）勋章。可见，定次郎的声誉，在世界范围内也拥有巨大的影响力。这一年的9月，他又在东京举办了"中国古陶美术展"，12月还举办了"现代屏风浮世绘琳派绘画展"，这两个展览也都是在日本艺术协会举办的。此后一年的5月，定次郎又主持开展了"中国、朝鲜古美术展"，在昭和10年（1935）5月，举办了"现代锦绣、人偶、莳绘艺术展"，11月举办了"现代民间艺术品及石灯笼展"等多种多样的展览，这些都是在东京的日本艺术协会举办的。

昭和10年（1935）11月，为了纪念英国国王乔治五世即位二十五周年，英国皇家艺术学院举办了中国艺术品展览会。在此次展会筹备工作中，日本政府为了助英国一臂之力，商议决定由东京日英协会下属的英国国际中国艺术品展览出品委员会，负责日本出展的艺术品筹备、陈列和监督等工作。这项工作的主要责任，落在了定次郎的肩上。为了圆满完成任务，定次郎专门从日本派出了山中商会的工作人员前往伦敦，令他们全权处理日本出展艺术品的各项事务。这件事至今让人记忆犹新。

第二年（1936）9月到10月，美国波士顿的哈佛大学举行了建校三百周年的纪念活动，其中一项活动，是在波士顿美术馆举办"日本古美术展"。与在英国举办的中国艺术品展会一样，这一次的统筹与陈列工作也被全权交给了定次郎和他的下属们，定次郎又专门从日本派出了员工前往波士顿参与各项工作。繁重的任务接二连三，这一年的6月，在他的主持下，在东京举办了"现代屏风展"。接着，为了准备11月在大阪举办的古代陶器及其他艺术品展览，他在10月29日突然病倒，不得不留在大阪东区高丽桥三丁目的宅邸中静养。

23. 天山纪念共济会的成立

昭和11年（1936）7月，为了纪念山中商会创立四十周年，定次郎将公司资本金增至400万日元，并对公司内具有特殊贡献的员工赠予了奖金。当时，定次郎作为获奖者，也应当获得公司的奖金，但他执意不收，当场用这些奖金换购了面值40万日元（一股实际价格为25日元）的公司股票，并将其全部捐赠，以供公司员工建立共济会使用。并且，根据他的提议，这四千份股票（总面额40万日元）产生的收益，全部用于支援员工们的婚姻、医疗等人生大事和其他突发状况的扶持和救济。他这样充满暖意的人情味，也让公司上下的全体员工感激涕零。为了尽快建立共济会，定次郎与根津嘉一郎先生商谈，并委托他起草了会内的各项规定。

昭和12年（1937）8月，由根津嘉一郎先生起草的规章已经完成，于是在8月9日，举行了天山纪念共济会成立座谈会，出席的有山中吉太郎、森太三郎、冈田友次、宫又一、白江信三、八桥春通、山中吉浪兵卫、山中福次郎、山中次郎、濑川三五郎、横部隆等诸位高管，他们的商讨，进一步促进了天山纪念共济会的成立。然而，由于当时山中定次郎已经驾鹤西去，各位高管的脸上都挂着一丝遗憾。定次郎留给公司上下人员的遗产有很多，但共济会的成立，既是他留下的最后一笔遗产，也是最让员工们感受到他的关怀的遗产。

24. 定次郎的病逝

昭和11年（1936）10月28日，原以为只是由于操劳过度而病倒的定次郎被诊断患有胃溃疡。30日凌晨3点，病情急转直下，这一天7点42分，在以夫人山中贞、长子山中吉太郎等近亲为首，以及他多年来教育提携的公司员工们的陪护下，定次郎安详地离世，享年71岁。医学博士楠本医生向悲伤的众人说明："山中先生的遗体，已经燃烧殆尽最后一丝能量，确实是寿终正寝了。"

定次郎生前，曾多次嘱咐吉太郎先生："我要工作到生命最后一刻，不愿意长时间卧床生病，给亲朋好友们多添麻烦。"在极短的时间内病倒、逝世，或许正遂了他本来的心愿。

为了发展日本的艺术品事业，定次郎一生居无定所，奔波于世界各地。因此，在大阪的家中发病，迎来人生的最后时刻，可以说是一个偶然。但是，能够在留有深深回忆的大阪高丽桥三丁目的家中驾鹤西去，在夫人、长子吉太郎和公司的一众员工的注视中合上双眼，几乎可以说是冥冥之中不可思议的巧合了。

当天夜晚，山中定次郎的遗体被送到京都南禅寺草川町

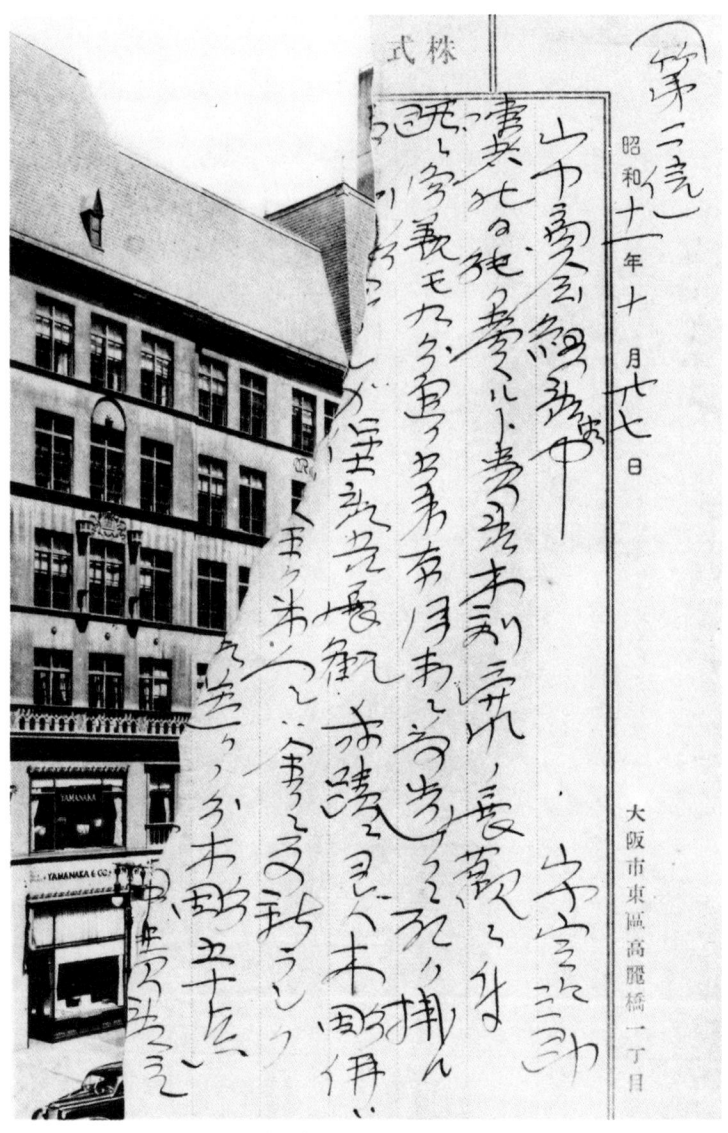

山中定次郎去世三日前的绝笔

的本家宅邸。11月2日，在近亲的陪同下，在花山火葬场秘密举行葬礼，并于11月4日，在大阪津村别院举行了盛大的告别仪式。

25. 破格的恩典授位

告别仪式当天早晨，山中定次郎的讣告上传到了皇室。感怀于他生前为了日本艺术事业和海外出口业的功劳与贡献，皇室特别下达旨意，于10月30日授予他从六位的位份，并给予优厚的待遇。

山中定次郎作为商人，是一介平民，在去世后能够受到如此破格的皇室恩典，可称得上一大荣耀。

26. 法国的两次授勋

法国政府为了奖赏山中定次郎多年来将法国工艺及艺术品介绍、传播到世界各地的功劳，曾在昭和3年（1928）5月6日授予他骑士勋位。在接到他的讣告之后，法国政府又通过关西日法协会，在昭和11年（1936）12月9日，为了奖励他生前促进日法友好关系的功绩，在闲院宫殿下的见证下，由法国大使卡姆勒尔先生授予他及其遗属莱昂·多努尔（Legion D'honneur）勋章。

27. 盛大的公司葬礼

在这之前，关于定次郎的葬礼，山中商会内部曾召开紧急高层会议。会上，全场一致同意决定以公司葬礼纪念，并任命冈田友次为葬礼委员会主任，负责各项准备工作。对于葬礼当时的情况，现在记录如下：

作为葬礼主要场地的津村别院（北御堂）对面的大厅全部用白布铺满，将大厅正面最深处设为祭坛，中央供奉北白川皇室赐予的供品，左右两侧依次供奉由细川侯爵家族、根津嘉一郎先生、岩崎家族、住友家族、藤田家族、川崎家族等送来的大型供花，并供奉由全国各地的各位名士送来的大量供花，它们被白布映照，场面宏大。各方送来的鲜花多得在大厅内放不下，铺满了长长的拜谒道路两侧，并延续到大门口的道路两旁，这样的盛况令路过的人们也啧啧称奇。

告别仪式在下午一点开始，由本愿寺的连枝谋上尊荣师导师主持，气氛庄严。葬礼在参列的来自数十所寺院的僧人们的诵经声中结束，葬礼委员长恭敬地走上灵前，宣读了悼文。

委员长首先向灵前报告了从六位品位的御赐荣誉，并朗读了以安宅大阪商工会议所会长为首，由各界团体的诸位名士发来的悼词、悼文及悼电。参加公开焚香仪式的诸位名士，也不顾突如其来的大雨，坚持出席到下午四点仪式结束，其人数多达两千名，蔚为壮观。当时宣读悼词的人如下：

大阪商工会议所会长安宅弥吉、大阪绿蓝会干事长稻田胜太郎、大阪府工艺协会会长儿玉孝显、大阪府美术俱乐部社长儿岛嘉助、东京美术俱乐部社长伊藤平藏、京都美术俱乐部社长福田浅次郎。

除了以上人物之外，大阪府消防协会会长、大阪府工艺协会青年部、大阪美术俱乐部青年会、东京美术青年会、光荣会会长等人及组织也郑重寄上了悼词，又有以皇室北白川宫家为首，细川侯爵、益田男爵、森村男爵等二百七十余人发来吊唁电文，伦敦大维德爵士阁下、波士顿博物馆馆长艾齐埃鲁博士等海外人士也发来电报吊唁，其数量多达63封。

28.定次郎的宗教热情

定次郎对尊重神佛的观念深信不疑。每天早晨起床时，他总是要在床上正襟危坐，首先面向东方双手合十，对皇室家族进行表达尊崇的朝拜，然后对神仙、佛祖行感谢之礼。即使身在海外时，他也从没有停止过进行这样的仪式。

过去在山中商会任职的冈田友次曾与定次郎一同访问柏林，当时他偶然和定次郎被分到了同一个房间，第一次目睹了定次郎在起床时的固定朝拜。最初看到定次郎这样的行为时，冈田先生并不知道他是在进行朝拜，他感到非常疑惑，甚至以为定次郎是不是身体不适。直到看到定次郎面向东方行礼，冈田先生才明白了他的意图，并体会到了定次郎当时颇为虔诚的心情。实际上，定次郎对神佛的尊敬之心本就十分深厚，对先贤也非常敬重。他在光悦会、松花堂会、洛陶会等组织开展表彰先贤遗志和追思会等活动时，总是作为倡导人或赞助者为之奔走，其次数之多，已无法尽述。由此也可想象他在平时对神佛与先贤的崇敬之深了。

29. 日常生活

定次郎习惯早起,生活在大阪时,每天早上醒来,必须首先拿起放在枕边的瓶子一饮而尽,里面是加入了盐巴的粗茶。起身行朝拜之礼后,他立刻就进行沐浴,之后再用早餐。早餐的内容并不是米饭,而是面包、少许燕麦片、生番茄约三小片、加入大量牛奶的红茶——多的时候可达三杯,然后

京都南禅寺自邸庭院

在小憩之后出发去公司工作。晚餐通常是女仆制作的简单饭食，他并不会吃很多。

他在京都南禅寺的自家大宅起居时，每天晨起后，他都要拿着花剪走向庭院，巡视树木，剪下它们的枯枝碎叶，这也是他的兴趣所在。

他阅读报纸时非常仔细，从头到尾毫无遗漏。当看到与艺术相关、可以作为工作参考的内容时，他会在上面盖一个印章作为标记，回头再将其剪下，贴在剪报本上保存。

30. 饮食

曾有一段时间，定次郎在晚餐之后习惯在大阪市内散步，到了晚年，这个习惯逐渐改变，往往在听了广播新闻后直接就寝。

他不常饮酒，即使饮酒，往往也是只小酌两三杯，连酒壶都用不上，甚至让人略感寂寞。他喜欢吃平民食物，比如农民常吃的又咸又辣的沙丁鱼肉。访问外国时，也喜欢在香肠上抹上乳酪一起食用。此外，他还特别喜欢喝年糕红豆汤。

居住在南禅寺的本家大宅时，因为考虑到这道点心对他的胃不好，夫人曾不让他吃这个。于是，当他回到高丽桥三丁目的别墅时，就会要求女佣为他做这道点心。然而，女佣也因为不敢违抗夫人的嘱咐而无法从命。每当特别想喝年糕红豆汤却不能如愿的时候，他甚至会在去公司工作时让跟班带着小锅子，在上班时间拿着锅去街上买红豆汤给他喝，他对这道点心的执念可见一斑。然而，在吃完之后，他的样子看上去确实像是胃疼，脸上露出不适的表情。

对于定次郎喜欢吃平常的食物这件事，他身边的人认为，正是因为这样的食物才是返璞归真的。

他还曾喜欢吸烟，但自从晚年被根津的青山老友提醒之后，他就开始节制，变得不怎么吸烟了。

31. 兴趣爱好

除了艺术品之外，定次郎最大的爱好是欣赏净琉璃（译者注：净琉璃为日本特有的木偶戏）。对文乐的人形净琉璃，他是毫不遗漏地全都欣赏过。据说，他特别喜欢已故的吕升师父的旁白,他还曾与昌隆社的人一同创立了欣赏净琉璃的社团。此外,他还特别喜欢听长歌。

只要在宴会上开始文艺表演,定次郎一定会跳起捞泥鳅之舞,他的动作轻盈,气质飘逸,是旁人所不能及的。他还擅长魔术表演,这让参加宴会的外国人也非常吃惊。

他是一个富有幽默感的人。如果幽默的程度不当,很容易引起别人的不快,但他好像是这方面的天才,从没有真正激怒过谁,却又经常用言语逗弄旁人。

总之,他的社交技巧非常丰富,不论男女老少,他都能游刃有余地应对,这确实是一种独特的才能。当然,这种才能也是他创业成功的一大要因。

32. 家庭与家人

由于定次郎常年在海外的各个分店和办事处巡视,或是在世界各国旅行,介绍日本的艺术品、收集外国的艺术品,几乎没有一日闲着。因此,他与家人共享天伦之乐的时间着实不多。但是,他对夫人和孩子,有着比普通夫妻、父子之间还要深厚的情感,只是他不习惯将这些感情流露在外,容易让不熟悉他的人乍一看,感觉有些冷漠。吉太郎去往伦敦见习时,定次郎曾悄悄向伦敦分店的人传话:"我儿子还年轻,拜托你们多关照。虽然我已经规定了他的零花钱数量,但如果他需要买什么别的东西,也请不要拒绝。"他对儿子的慈爱之情可见一斑。

还有一年,吉太郎去欧洲旅行途中经过东北亚地区,当时定次郎正好在中国沈阳,他特意带着药品,去火车上找到吉太郎,对他嘱咐了许多旅途中应该注意的事项。

在定次郎的晚年,他特别宠爱孙子们,即使只是去临近的京都,他都会买大个的太鼓煎饼当作礼物带回大阪,更不要说去海外旅行时,他总是购买不计其数的稀罕物品,专门带回来送给孙儿们。

吉太郎常年驻扎在海外的分店,有一回,当他时隔八年回到日本时,因为受朋友邀请赴宴,在别人家逗留到深夜,但他没有在朋友家留宿,还是连夜赶回了家中。

当时已是深夜,吉太郎以为家人必定都已经熟睡,却发现家门并没有锁上。推开家门,他发现,家中不仅玄关、门厅的灯都开着，就连厨房的灯也未曾熄灭。家中的女佣正襟危坐，让他不禁以为发生了什么急事。吉太郎来到父亲的房间，向他禀报"儿子回来了"，只见父亲在蒲团上正襟危坐，表情十分严肃。吉太郎看到这样的情景，以为父亲要训斥自己。没想到，父亲面色平静，说道："你常年身居海外，不清楚日本的习惯。因为你迟迟不回，从我到女佣及全家人都只好醒着等待你。即使今晚睡得很迟，明天也一样要早起。你也不能总是像在外国时那么随意，从今往后记住，要早些

山中定次郎夫人贞子氏、长子山中吉太郎（山中商会继任社长）

回家。"通过这件事，作为父亲的定次郎不仅不着痕迹地表达了不满，也指出了儿子对日本的风俗习惯不了解，起到了教育的效果。

对于贞夫人，定次郎在晚年也十分敬重她。昭和10年（1935）的夏天，夫人病重，不得不进入京都府立医院住院。定次郎每天都捧着美丽的鲜花去探访夫人，或是带着珍馐去她的病床边慰问，他们和睦恩爱的样子，让旁人也非常羡慕。

33. 做事一丝不苟

定次郎生性一丝不苟，做事从没有任何含糊。即使是往信封上贴邮票这样的小事，他也绝不能忍受邮票被贴反、弄皱，而且必须将邮票整齐地贴在方框内才觉得满意。对于将要邮寄出去的包裹，只要觉得有可能超出限重，他也必然在家中先用秤称量过，保证所贴邮资的准确。这是为了确保不管收取邮包的人是谁，都无需为超出的重量添补邮资。对于这点，他还曾多次提醒身边办事的人，这也正是定次郎一丝不苟的严谨性格的最好写照。

定次郎在远赴海外旅行时，必会亲自收拾行装，把一切可能用上的都打包带走，绝没有一点遗漏。其中最有趣的是，他特别注意打扮外貌所用的发油、剃须刀，以及洁面之后使用的护肤品等物，总是一丝不苟地将它们收纳在提包内，一旦到达目的地，必须首先取出护肤品，仔细整理面容。等出发返回时，也必要用报纸小心包裹好这些物品，再一件件放入随身的提包中，并逐一打开桌子的抽屉，确认没有东西遗漏。

定次郎回到家中后，也必会亲自整理行李箱。他要将待洗的衣物和干净的衣物分门别类，再叮嘱旁人尽快将待洗的衣物送去洗衣房。对于带给亲友的伴手礼，即使多达数十人份，他也总是亲自逐一分配。在分配礼物时，他先嘱咐身边的人，这是给某人的，这是给某家的，再督促他们写上纸条，逐个送到对方手中。分配礼物的工作结束后，他连一根烟都顾不上抽，就立即赶赴公司出勤。他总是这样高效而细致地安排好身边的事，其敏捷程度，让人眼花缭乱。要不是常年待在定次郎身边，充分适应了他的迅敏的人，刚开始是不能跟上他的节奏、成为他的得力助手的。

34. 两位博士的坟墓

定次郎对身边的亲友非常照顾。其中的一个例子，是帮助建成、修缮了费诺罗萨博士和比格罗博士的墓地。他们两位，都是在明治年间对日本艺术界产生了极大贡献的功臣。费诺罗萨博士逝世较早，他的坟墓地处近江三井寺法明院内，规模窄小，年久失修。后来，比格罗博士也溘然长逝。临终前，他向定次郎留下遗言，希望把自己的坟墓建在好友费诺罗萨博士的旁边。从昭和2年（1927）起，定次郎开始为了两位博士坟墓的整修和改建之事奔走，他不仅帮助修建了比格罗博士的墓冢，也将早已入土的费诺罗萨博士的坟墓翻修一新。工程在第二年，即昭和3年4月27日竣工。在举行竣工典礼的同时，定次郎也主持了对两位博士的追悼活动，并举办了大型的纪念茶会。他邀请了他们生前的知己好友等众多名士，共同告慰两位博士的在天之灵。

另外，在昭和5年（1930）5月9日，由于定次郎十分景仰本阿弥光悦、尾形光琳两位大师的艺术成就，特别在洛北鹰之峰的光悦寺内，修建了美国人富丽雅先生的功德碑。这位来自美国的富豪富丽雅先生，正是多次来访日本，并发现了光悦之墓的人。定次郎在设立表彰他的事迹的纪念碑时，邀请了当时的美国驻日本大使等许多名流参加揭幕仪式，并主持举行了诵经仪式和茶会等活动，大大弘扬了富丽雅先生的功勋。

此外，为了纪念野村仁清、尾形乾山、青木木米等陶艺艺术家，定次郎创办了洛陶会；由于仰慕松花堂昭乘的高风亮节，他建立了松花堂会。他还参与了光悦会等艺术社团的创建。不论在哪里，他都是倡导者和主办人。

定次郎对艺术方面的学术研究也拥有深刻的理解、兴趣与同感之心。为了培养年轻的学徒们，他曾多次默默捐出自己的财产，支持、扶植这项事业。

他的交游极其广泛，不管是学者、企业家、教育家、宗教人士，还是艺术家、文学家、政治家、军人等等，对社会各界的人士，他都有所交往。其中，定次郎最亲密的朋友，在同行中是儿岛嘉助先生，在企业家中是根津嘉一郎先生等。他们之间的关系简直是亲如兄弟。

与他有密切联系的艺术团体与其他组织，还包括日美协会、日瑞协会、大阪博彩俱乐部等。此外，他还拥有包括德国文化研究所所员、美国大都会艺术博物馆名誉会员、大阪府工艺协会理事、商工省委托人等多种身份。

35. 职业是自己的兴趣所在

定次郎个性温和，与世无争，但在有关工作业务方面，他却彻底贯彻了强势的作风。不管是年纪轻轻就远赴海外拓展业务，还是独自一人决策收购恭亲王府的收藏，这样的事迹都让同行们大为震惊。由于他在金钱方面缺少积蓄，当遇到不得不借贷的情形时，不管造访的是哪家银行，都会立即将钱款借贷给他。作为回馈，他一旦接收了银行发放的贷款，就会认真细致、充满责任心地按期还款。由于定次郎的信誉上佳，他在金钱方面从未受到过掣肘，这也是他底气十足、作风强势的理由之一。

环游世界各国，发现各种各样的珍品、佳作，将日本艺术品出口海外，拓展销售渠道，这是他一贯以来的工作重心所在。然而，一般商人做生意时的想法，无非是如果买了这个大概能赚多少钱、花多少成本买入的商品至少要定什么价格等等。定次郎则与他们不同。无论在何时何地，他对经商的考虑，总是以个人兴趣为第一动因，这也正是他与一般商人最根本的区别所在。

这样，定次郎长年以来把工作作为唯一的兴趣所在，在业务能力获得精进的同时，兴趣爱好也得到满足，因此获得了极大的快乐。定次郎曾在一本杂志中谈到他对工作的抱负：

> 对于自己的职业，我认为它不仅是获得生活来源的途径，更是能够告慰自己一生的、普天之下独一无二的兴趣和娱乐活动。选择最让自己快乐的方式完成工作内容，才能获得为这份事业奉献终身的觉悟。然而，在满足个人爱好的同时，如果这份工作还能为全社会、全人类贡献一点价值，那么从事这份工作对我来说，就是至高无上的意义所在，是完美的一举两得。这样，我就更加能够在满足自身兴趣爱好和娱乐需求的同时，将这份工作的副产品不断扩大，继续为人类社会作出应有的贡献。全身心地投入到工作之中，为创造更好的前途而奉献热血。

左图：《世界民众古艺术品展览会图录》，昭和5年（1930），大阪

右图：《中国、朝鲜古美术展观图录》，昭和9年（1934），东京

同时，作为经商者，在经营中不能做出有损公德的事情。我绝不赞成只管自己盈利，而不顾他人盈亏的做法。我始终以顾客为本，以亲切、仔细为经营原则，只要是为了能让顾客满意，绝不吝惜一丝努力的机会。在出售商品时，我必将它的产地、由来、价值等信息详细地告知客户，确保对方是在充分了解了这件商品的相关情况后才决定购买的。在商品被买走后，即使原有的包装、箱子等配件有所缺损，我也会像今后自己将要保存这件商品一样，主动寻找、制作合适的容器和保护材料，或者将物品整理干净，再递交到顾客的手中。

在举办展览会时，为了更好地陈列物品，我总是拜托对各种商品各领域的研究专家，请他们制作附有详细解说文字的图册。不论是面对有心购买的客人,还是为了研究的访客,我都将图册主动送上。关于展示会中的陈列品,我也总是尽可能多地提供相关知识、信息,或是其他可作为研究参考的资料,期待为前来参观的客人提供或多或少的便利。当然,许多人认为这些事与卖出商品的目的南辕北辙,但我还是坚持贯彻,至今已制作并免费发放了商品图册无数,先将其主要内容列举如下:

《埃及、希腊、波斯、中国古代艺术展观图录》

《中国古陶金石展观图录》

《东西古织锦绣展观图录》

《欧美美术工艺品展观图录》

《世界古美术展览会图录》

《世界民众古艺术品展览会图录》

《世界古代裂(布帛)日本民艺品展览会图录》

《日本中国古陶美术展览会图录》

《现代屏风浮世绘琳派展览会图录》

《中国、朝鲜古美术展观图录》

以上的图录,全部以原色版、木版或玻璃版印刷,图片展示效果与实物相差无几,并配上了解说文字。

山中商会的一大业务,是将中国和日本的古代艺术品、工艺品介绍到海外各国,并于明治27年(1894),由山中家族成员共同创立了山中商会,在同年开设了美国纽约门店,在第二年增设了波士顿分店,此外还在明治33年(1900)进驻英国伦敦,在大正6年(1917)入驻中国北京,并于昭和3年(1928)在美国芝加哥增设了分店。大正7年(1918),山中商会正式将组织变更为股份有限公司。后来,在美国的巴哈巴,也开设了分店。

为了实践这些业务,我从明治27年(1894)开始,曾十几次远赴欧美,拓展东方艺术及工艺品的销售途径,同时考察世界各国的现状,进行深入的旅行。其中主要包括如下几次:

中国大同、龙门佛教遗址,法属印度,暹罗,遍访南洋各国等等,接连不断地受到来自各方的鼓励,拓展了见闻,并期待通过这些寻访活动对工作及业务产生积极的影响。然而,由于是面向外国人经营的生意,其面临的问题也与在国内经商时截然不同。曾经有一次，一件本阿弥光悦所绘的屏风在法国巴黎展出，并接受竞拍。当时，因为有来自美国的客人表示一定要收入这件藏品，我千里迢迢赶赴巴黎，希望能为客户拍得这件宝贝。然而，也许是由于过多的外国商人加入了这次竞拍，大家都势在必得，导致上演了一场激烈的争夺战。拍品价格水涨船高，每一秒都在刷新。结果，除非能拿出比预计的金额高出几十倍的金额，不然就没有可能拍下这件屏风。因此，当时的我也考虑放弃。但是，一想到我的放弃可能让美国客户认为日本商人都是言而无信的，以致于因我一人的行动，而影响了全日本人的声誉，我无法接受，只好硬着头皮拍下了它。然而，在我拍下藏品用电报通知客户之后，无论怎样努力地想要说服他接手这件屏风，对方都只作出了无法接受的回复。究其原因，还是因为价格过高，远远超过了预期的缘故。这样的结果，真是把我逼到了进退维谷的地步。后来我才知道，这场竞拍，其实是狡猾的巴黎商人为我设下的一个商业陷阱。当我身处从巴黎回到纽约的轮船上时，也曾想过跳下甲板，一了百了。但最终，这张屏风还是被一家博物馆接收，虽然其间也经历了各种各样的磨难，但总算没有造成更大的损失。

正如前文所述，我一直将工作视为最大的兴趣爱好，没日没夜地沉浸在工作之中。因此，我也在开朗、愉快、和平的心境中度过了每一天。不仅如此，在昭和

英国画家笔下正在读书的山中定次郎

大阪高丽桥一丁目山中商会总店

纽约分店

波士顿分店

伦敦分店 　　　　　北京分店

芝加哥分店 　　　　美国巴哈巴分店

3年（1928）11月，我获得了日本政府及天皇赐予的绿绶奖章这样的无上荣誉，并在同年5月，被法国政府授予了巴黎龙丹南勋章（Dragon of Annam），在昭和八年（1933），还获得了德国兴登堡总统授予的罗汀·克罗伊兹勋章（Roten Kreuz）。这些荣誉，都是自己从没有想象过能够得到的，真是让我心血沸腾、感激不尽。

因此，我也勉励自己，一定要不断提高业务水平，以将日本商人诚实守信、值得信赖的名声传扬于世为己任。

定次郎在工作方面的进取之心，在这篇文章中表现得淋漓尽致。

36. 员工是自己的分身

以下摘自杂志《星冈》：

据说，山中定次郎生前，从未解雇过与公司经营方面有来往的员工，根据公司规定，大部分的人都会一直工作到退休。定次郎轻易不愿让员工离开公司，有许多人感叹于他对员工的体恤，至今仍常常念起。然而，将员工解雇并不是什么难事，难的是如何既不使用解雇的惩戒手段，又能让他们圆满地完成工作内容，这正是他的高明之处。不是不能解雇员工，而是通过发掘和培养员工善良、忠诚、正直的品质，而造就不会被解雇的人。由于他不愿意轻易接纳不明底细的人进入公司，更不愿意在发生问题后轻易地解雇他们，所以他的用人风格，是绝不接纳可能会被解雇的员工进入商会。这种慎重行事的风格，也非常值得人学习。

"不是不能解雇员工，而是不能把会被轻易解雇的人招入公司，如果犯了这样的错误，公司的经营者应该对自己在洞察力上的迟钝感到羞耻。"

定次郎曾有以上的言论。事实上，他也如此话所说，从不曾亲自解雇过公司的员工。这是因为，他总是在新人最初进入公司之时就已深入了解其人品，并为他们分配最合适的工作岗位，引导他们能够充分发挥自身的才能，同时注重培养他们在这个岗位所必须要求的能力，让他们成长为在工作岗位上不可或缺的人才。因此，不像其他的公司，山中商会从没有解雇员工的必要。定次郎常说，事在人为，由此也可看出，在他心中，无论是公司的职员还是其他工作人员，都不仅仅是雇佣关系，而是超越了一般意义的，作为他自身的手足或是分身般的存在。他们代替他从事相关事业，他对他们的信任和细致的关心，甚至超过了一般的家人。举个例子，曾有一名公司社员独自前往国外旅行，定次郎居然完全掌握了他的行程内容，常常对身边的人提起，今天他该到哪个国家了，今天他准在哪处海域航行，但愿那片海域天气平稳，风平浪静。等这位社员回到日本时，如果不即时发电报报平安，定次郎就会感到不高兴。然而，站在社员的角度，如果特意发电报报告自己的到达，让定次郎专程来接自己，他们也会感到非常不好意思，所以有的人就会不发电报，直接回到公司。每当这时，定次郎总会勃然大怒，并叮嘱他们道："到达横滨的时候，为什么不马上告诉我们？为了防止各种意外的发生，千万记住，要时刻和总公司保持联系！"

总之，对于他来说，员工们不仅是工作上的左膀右臂，更是生活中的手足兄弟。因此，他对于他们不能及时与自己保持联络而感到不高兴，才会时时叮嘱。对于被叮嘱的人来说，定次郎就像母亲一样慈爱，对他的叮咛和责骂当然也充满了感激之情。可见，定次郎和员工之间关系之亲密，如父如子。

在工作上，即使有一些疏忽导致过失，定次郎也很少责罚员工。他反而会利用这些经验作为教育的材料，让员工得到教训。

有一次，一名员工捧着一个中国古代陶器走进房间时，陶器被自动开合的门砸中，掉在了地上摔碎。那名员工非常惊恐，向定次郎低头下跪，以示谢罪。然而，定次郎只是恳切地提醒他将来不要再犯，并没有多说责骂的话。

与此相反的，如果员工在工作上做出了对公司极为有利的贡献，他也不常开口表扬。因为他认为，这是作为公司的员工理所当然的事，对于当作自己手足和分身的员工来说，为公司谋利是天经地义的，因此不需要特意将表扬的话挂在嘴上。可见，谄媚奉承之事，也断不是他所擅长的。通过这些事例，可以看出他性格严谨，对于事物的考虑方式也是一板一眼、绝不含糊的。

37. 定次郎的笔记和通信

在工作业务方面，定次郎尽可能地大胆尝试，但他也有非常小心谨慎的一面。他的笔记本，就是一个例子。

定次郎的笔记本，不单单用于记录工作方面的各种计划和事务，其他对员工的命令、注意事项、访问活动、宴会计划和其他约定期限等等日常生活中的事，也都记录在本子上。在一段时间内必须记录的所有事项，还有赠送给别的公司的礼物价格、清单等各种条目，也都一一详细记录在笔记本上。即使已经上床就寝，一旦想起什么需要记录的事，他就会起身开灯，把事情记录下来。这也算是他的特点之一。

对于每天都忙得脚不沾地的定次郎来说，要记住所有的

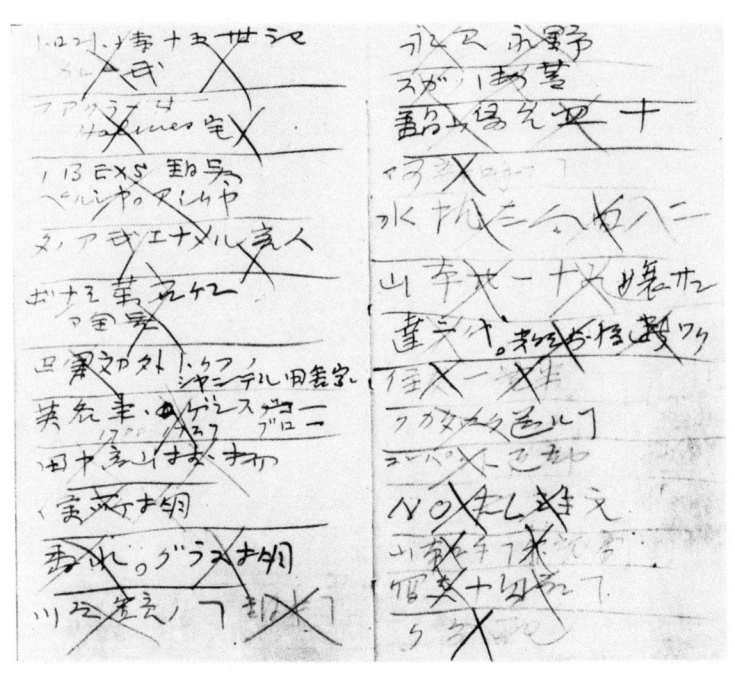

日常生活笔记本

明治 37 年（1904）与纽约分店员工合影，前排左三为山中定次郎

细枝末节非常困难，如果因为自己的疏忽而耽误了与他人的约定，那么对于对方来说也是个大麻烦。出于这样严谨负责的考虑，他总是把要办的事详细记录下来。清晨前往公司时，他总是首先从口袋里拿出这本笔记，将需要传达的命令和注意事项传达下去，再把笔记中已经完成的事项用"×"勾掉。划"×"的这个步骤，对于他来说算是快事一桩，因为这意味着一件事务被解决了。可见，在一件事情解决之前，他总是带着强烈的责任心，而在事务解决之后，他就可以一边划

"×",一边享受解除了责任束缚的快感。

定次郎还非常喜欢与人通信。他在外国旅行时,也频繁地向家人、同事发送信件。他的信件也非常有特点,总是只列出要点,非常简洁地传达意思。犹如古人一样,言简意赅。他也非常喜欢发电报,但不太喜欢打电话。

38. 盆栽植物的输出

明治32年(1899),定次郎在波士顿开设分店时,他曾将一所位于波士顿郊外的大型庭园作为公司的员工宿舍使用。他认为,这处庭院应该被派上用场,辅助公司业务,于是从日本各地调来了各类盆栽。其中以东京驹达地区培育的矮脚扁柏为首,还包括从北摄池田、山本地区的苗木村调来的枫树、高野黑松,以及其他各种庭院树木和盆栽,又从琉球收购了苏铁,还配齐了建造日式庭院所需的石头灯笼和其他各类材料。另外,他还请来了几名善于建造庭院的盆栽师和园丁,让他们在广阔的院子里栽培种植,开始了建造日式庭院的大业。这一举动从一开始就获得了极大的好评,在后来开设伦敦分店时，他也在那里设立了"植物部"，与在波士顿时一样，专门负责庭院的建造工作。与在美国相比，伦敦分店获得的好评倍增。

在这个时期，根据英国有名的爱好日本文化的贵族朗斯代尔家的要求，定次郎还在位于苏格兰的一个名为彭里斯的城郊别墅区建造了日式庭院和茶室，那儿的泉石花竹等构造安插得颇为巧妙，获得了这个家族的极大好评。山中商会甚至专门从日本运来了鹿，放在庭院内饲养，营造出了与日本奈良、宫岛等地相似的氛围。这个庭院的建造受到了当地的高度关注，至今还是那里的著名景点之一。

39. 十八座观音像

义和团运动时，山中定次郎曾向德军购买了十八座高度为一丈至一丈二尺之间的镀金佛像，并将其中六座送往美国，六座送往东京，其余六座则送往京都，暂存在恩赐博物馆。听说要将十二座如此庞大的佛像运送到日本国内，当时的同行们都非常震惊。业界传出了"天山先生（定次郎）身材虽小，买东西的手笔却不小"的说法。这些佛像表面的镀金层相当

明治35年（1902）购买十八座观音时合影，前排左五山中定次郎。

厚重，即使只是从佛像背后磨取的金粉，也够打造三四个纯金戒指了。

40. 恭亲王的收藏品

由于袁世凯没有按时向手下的士兵们支付薪水，当时在北京城内曾发生了士兵哄抢的事件。声名在外的恭亲王为了避免遭到掠夺，决定将自己的部分藏品出售。当时定次郎正好身处中国,于是他与山中六三郎、冈田友次一同拜访了恭亲王的府邸。在宽阔的宅院中,有许多类似于仓库的收藏室,其中有专门放置如意的如意库,放书画的书画库,还有放古代铜器的铜器库,如此种种,多达数十间。看到这样的情景,定次郎露出了非常高兴的神情。虽然仓库内大约一半的藏品都覆盖着厚厚的灰尘,但它们的品质却很高。比如翡翠首饰,即使只是将它们带回日本作为妇女的发饰出售,也能卖出一件四五千日元的好价钱。而恭王府的人却不以为然。他们将

坐在北京官殿宝座上的山中定次郎

山中定次郎等人在恭王府门前的合影，右三山中定次郎、右上角圈内为溥伟

与古陶瓷鉴赏家、收藏家郭葆昌交谈

那些翡翠随意地抓出一把，问定次郎："这些能卖多少钱啊？"对于商人来说，再没有比面对堆积如山的珍宝更快活的时候了。定次郎一边微笑，一边细细查看了这些翡翠和其他铜器、陶器和玉器，然后一口气买下了它们。这些物品的总额极高，已经不是十万日元、二十万日元的程度。其中，特别是书画类藏品价格最高，所以他不得不忍痛放弃。但是，即使放弃了书画，一次性买下如此质量高而数量丰富的藏品，对他来说也是人生中绝无仅有的经历，他的喜悦之情溢于言表。大阪的同行们在听说了他的壮举之后，深深为他的胆量、大手笔和迅速的行动感到佩服，在后来也经常提起："天山先生确实是个人物，看他做那笔生意时豪迈的样子，除了丰臣秀吉之外也没有别人了。"从那以后，他们就用"高丽桥的丰臣秀吉"来称呼定次郎了。

41. 在寒冷的仓库度过半天

山中定次郎为了去荷兰收购民间工艺品，曾停留在英国一段时间。那时天气寒冷，下着雨夹雪，气温也低至零下五六度。在瑟瑟寒风中,他被带到河边的仓库,并在那儿检视物品。由于是仓库建筑,内部没有壁炉等取暖设备,窗户也开得很大,那儿真可谓寒冷刺骨。然而,定次郎却一点儿都没有表现出觉得冷的样子,亲自举着手电筒,逐一检查了仓库中的藏品。他还爬上梯子,来到简易搭建的阁楼,认真仔细地一一查看了阁楼上的物品。同行的人们因为受不了寒冷,想着能早点回到温暖的地方喝杯热茶,他却说:"我们轻易不能再来这儿,所以要好好看看。"于是他在透着寒风的仓库中,兴会淋漓地度过了半天的时间。

42. 出口京巴犬

在明治36、37年左右,定次郎开始做出口京巴犬的生意。京巴犬在欧洲广受好评,虽然一只的价格高达几百法郎,仍然有许多人争相购买。但其实,出口京巴犬困难重重,比如在运输的船舱内照顾它们的工作就非常繁琐,还有些犬会在被送到买主的手中之后死去。虽然有这样的重重困难,定次郎还是觉得这件生意特别有趣,到了晚年也常常提起。据说,现在繁衍在英国、美国的京巴犬，大多都出自定次郎当年所出口犬只的血统。

定次郎还开了出口金鱼的先河。与京巴犬相比，金鱼的饲养与照顾难度更上一层，而且等到了买主手中，过半的金鱼都会死去，所以这项尝试的效果并不算好。

总而言之，不管是怎样的商品，定次郎都出于"物以稀为贵"的原则尝试进行贩卖。这样的企划能力和勇气，是其他商人所不能相比的。

43. 松方氏旧藏的浮世绘版画

一战期间，在法国巴黎有一位收藏家出售其藏品。他以四十年时间专门收集日本的浮世绘版画，数量多达一万件左右。当时，德国频繁实施对法国的轰炸，每天都有炮弹落在巴黎城内，另外还多次进行了空袭。因此，这位收藏家担心他的版画也会毁于炮火，便开始物色买主，接手自己的收藏。正好在这个时候，担任神户川崎造船所社长的松方幸次郎正在英国展开活动。山中商会伦敦分店与松方先生提及了这件事，他当即表示希望收购这批藏品。因为接受了这样的嘱托，定次郎特地吩咐一名职员前往波尔多，考察暂存版画之处的现状。在赶赴波尔多的途中，这位职员两度受到了潜水艇的袭击，但最终还是顺利到达，并促成了这桩交易。

在一战中，能够一次性买下如此庞大的浮世绘版画藏品，究其原因，还是因为松方先生怀有极大的信心，以及对定次郎全权交付的信赖罢了。正是因为松方幸次郎将一切交涉的权利都交给了山中商会，才能促成这样的壮举。能做成此等大事的人，是屈指可数的。对于日本艺术品界来说，一次性回购了这样大量的浮世绘版画，究竟获得了多少利润虽不可计，然而，就从当时的美术专家们众口一词的赞叹和欣赏中，也可看出这个举动的功劳至伟。

不仅是这一批版画，定次郎还从英美各国收购过许多从日本流出的古代艺术品。其中，对于那些只有回到国内才能实现价值所在的名作，他一旦发现，就会毫不犹豫地买下。一战结束后，他立刻派出员工前往柏林的汉堡地区，专门寻找此类物品。就这样，他对回购流落在欧洲的日本艺术品一事，从来没有中断过，总是付出最大的努力和心血。

此外，能把费诺罗萨博士收藏的名作——狩野芳崖所作的《仁王图》和《罗汉图》等带回日本，也全都是拜定次郎的努力所赐。

对于曾受日本造币局聘用的高兰先生在日本收集的四条派、森派等许多名作，在高兰先生将其运往欧洲以后，定次郎也在一战期间顺利收回，并在大阪美术俱乐部将这些作品成功拍卖。作为首次拍出二万日元以上高价的森一凤作品《着色山藤鲇鱼图》挂轴也是此时期购入的，后来也多次将国宝级的名作运回日本国内。

44. 定次郎的雅量

定次郎对任何事物都怀有善意，从不曾抱有一丝一毫负面的想法。有一年，他在朝鲜被卷入一场诈骗，与他同行的朝鲜人感到非常抱歉，觉得他一定感到非常气愤，便对他说了一些安慰的话。没想到，定次郎却说："对方（实施诈骗的人）应该也是有良心的，相比被骗的我的愤怒，他们自己受到的良心谴责才更重吧？"对于受骗一事丝毫没有感到生气。那位同行的朝鲜人，也深深为他的度量所折服，每当见到其他同行，都会提起这件事，并赞扬他的人格高。

45. 瑞泉寺的供奉计划

昭和 11 年（1936）初，定次郎在京都的一家料理店与根津青山吃饭时，听说了京都三条小桥南边的瑞泉寺。瑞泉寺是一座以供奉死去的动物而闻名的寺院。当年，丰臣秀次的侍女和妻妾儿女三十多人，由于卷入秀次的事件，曾在三条浅滩附近惨遭杀戮。定次郎听说后，内心受到了很大的触动。回程中，他专门拜访了瑞泉寺，表示希望能够供奉这些遭到不幸的女子们。他与根津协商后，制定了详细的供奉计划，并为了调查历史真相，赶赴京都和遥远的高野山进行求证。

为了将这个事件的相关历史编纂成册，定次郎将许多当时遗留的物品拍成照片，并悄悄期待着达成目标的那一刻。然而，没有等到那一天，定次郎就溘然长逝。这计划没有完成就被搁置了，不仅是一种遗憾，对于九泉之下的定次郎来说，也应该是一件让他挂怀的心事吧。

46. 艺术品捐赠与其他

山中定次郎对日本国内及海外美术馆、学校博物馆等捐赠的艺术品不计其数。由于向日本国内捐赠的记录较为明确，所以已经记入年表之中。对海外的捐赠，则大多年代不详，因此只能列举品目及捐赠对象如下：

首先，必须列出的是，山中定次郎曾向瑞典皇太子殿下赠送周代玉琮，并向太子妃殿下赠送描金提篮。

此外，山中定次郎曾向美国纽约大都会美术馆捐赠柬埔寨石雕佛坐像、德川时代甲胄武具一套、明代青花图章、中国陶瓷器23件。

向美国芝加哥美术馆捐赠大型中国元代菩萨壁画2件。

向波士顿哈佛大学福格美术馆捐赠出土的周代甲骨文字雕刻14件、大和橘丝寺瓦、敦煌出土人物画像匾额、秋筱寺梵天胸像。

向波士顿美术馆捐赠汉代漆器笼、日本锦绘20幅、明代卷绢片四块、古碎布片等。

二　山中定次郎简表

庆应 2 年（1866，1 岁）

7 月 15 日，作为大阪府堺市甲斐町七番地，安达信五郎的长子出生。母亲为安达文。

明治 6 年（1873，8 岁）

3 月，入学堺市普通小学，于明治 10 年毕业。

明治 11 年（1878，13 岁）

9 月，作为店员进入大阪市东区高丽桥三丁目的古代艺术品商店工作，店主为山中吉兵卫。

明治 16 年（1883，18 岁）

从本年至明治 19 年，就读于大阪市立商业夜校，同时就读于东区平野町佛光寺内，由松村敏夫开办的英文学堂。

明治 22 年（1889，24 岁）

4 月 3 日，成为山中家养子，并与山中氏长女贞（出生于明治 2 年 10 月 10 日）结婚。

明治 23 年（1890，25 岁）
6 月 26 日，长子吉太郎出生。

明治 27 年（1894，29 岁）
11 月 3 日，与同族山中繁次郎一同乘坐"中国之环号"汽轮赴美，于纽约市西二十七号丁目开设店铺，并初次尝试贩卖日本工艺品，获得好评。

明治 28 年（1895，30 岁）
2 月，于纽约市西二十七号丁目二十号开设店铺。
△ 9 月，入学美国伊斯特曼商业学校，于明治 30 年毕业。

明治 32 年（1899，34 岁）
义和团运动开始
△于美国波士顿市开设分店，主要经营中国古代及现代艺术品、日本工艺品、日用品及植物盆栽。

明治 33 年（1900，35 岁）
于大阪北区上福岛开设工艺品制造工厂，制造具有日本特色雕刻的西式家具。
△于英国伦敦开设分店，并受英国王室委托经营。
△公司合并改组，命名为山中商会，本人出任业务执行社员。

明治 37 年（1904，39 岁）
向圣路易斯博览会出展大型室内装饰品，得到广泛赞誉，并获得名誉奖。

明治 38 年（1905，40 岁）
远渡欧洲大陆，视察欧洲各国，在巴黎开设授权店铺。

明治 42 年（1909，44 岁）
7 月，大阪北区的工艺品制造工厂被大火烧毁、废弃。
考虑关闭波士顿分店，被日本外务省、大阪府知事等方劝阻。

大正 6 年（1917，52 岁）
于中国北京开设办事处。
由于山中商会社长山中吉郎兵卫去世，山中定次郎作为继任者承担一切公司业务。
△ 8 月 8 日，任大阪府消防协会特别会员。

大正 7 年（1918，53 岁）
6 月，以 200 万日元资本金改组山中商会为有限公司，亲自出任社长，指挥一切业务。

大正 8 年（1919，54 岁）

12 月 1 日，由英国国王授予王室御用商标"Royal Warrant"。

大正 9 年（1920，55 岁）

2 月 10 日，由英国王后授予王室御用商标"Royal Warrant"。

大正 10 年（1921，56 岁）

6 月 3 日，远赴欧美，视察世界各国商业现状，于次年 4 月 30 日抵达日本。

大正 11 年（1922，57 岁）

2 月 24 日，出任日本海员救济会特别会员。

大正 12 年（1923，58 岁）

巡游欧洲各国，并从各国收集古代艺术品。

△ 5 月，在大阪美术俱乐部开办"东洋古美术展"。

大正 13 年（1924，59 岁）

6 月，考察中国天龙山佛寺遗址。

△ 11 月，于大阪美术俱乐部开办大型展览会，展出日本、

中国、朝鲜、埃及、波斯、希腊、荷兰及其他各国的古代艺术品。

聘请东京美术学校校长正木、大村教授二人举办美术演讲会。

大正 14 年（1925，60 岁）

年初造访中国龙门、大同等佛教遗址，进而探访法属印度、暹罗（泰国）、南洋各地的佛教遗迹，接着远赴欧美。

△向京都帝国大学捐赠犍陀罗石刻佛头。

山西大同云冈石窟寺

"东西古陶金石展"观现场,大正15年(1926),大阪美术俱乐部

大正 15 年 / 昭和元年（1926，61 岁）

4 月 2 日，结束旅程，由欧美返日。

△ 10 月，再次造访中国天龙山，探寻佛教遗址。

△ 11 月，于大阪美术俱乐部召开世界东西方三十余国的古代染织工艺展，并介绍印度犍陀罗及埃及的古代雕刻。

△ 12 月 23 日，向京都大学捐赠犍陀罗石刻塔婆基座；12 月 7 日，向东京美术学校捐赠希腊角刻人物刻板；又向奈良女子高等师范学校捐赠暹罗（泰国）的小铜佛像头。

昭和 2 年（1927，62 岁）

在近江三井寺法明院内，建造比格罗博士墓地，并翻修费诺罗萨博士墓地。

△受钟渊纺织公司委托，尝试出口该公司生产的绢布及绸缎。

△出任大阪集英小学教育会评议员及该校新建筑委员。

△ 9 月 28 日，为考察欧美的艺术品、工艺品市场而出发远航。

昭和 3 年（1928，63 岁）

2 月 17 日，由欧美返日。

△ 4 月 3 日，接到参加大礼奉祝会的邀请。

△ 4 月 27 日，于三井寺法明院召开费诺罗萨、比格罗

两位博士墓地竣工纪念茶会

△5月6日,由法国政府授予骑士勋章

△8月,美国芝加哥分店开业。

△从2月开始,为打开日本工艺品出口海外的市场,招募外国图案设计师,进行制作工艺研究。

△10月,于大阪美术俱乐部举行欧美最新创意美术工艺品展览会,并公开展陈山中商会独有的综合工艺作品。

△11月,天皇下赐敕定绿绶勋章。

△12月13日,向朝鲜博物馆捐赠金铜水晶漆器盆饰一件。

"世界民众古艺术品展"现场,昭和5年(1930),大阪美术俱乐部

昭和 4 年（1929，64 岁）

将山中商会有限公司资本金增加为 100 万日元。

△ 1 月 4 日，向京都西阵织物馆捐赠埃及古代布片。

昭和 5 年（1930，65 岁）

4 月 9 日，于京都鹰之峰光悦寺设立富丽雅先生功德碑，召开揭幕仪式及纪念茶会。

△ 5 月，于大阪美术俱乐部召开"世界民众古艺术品展"。

△ 12 月 10 日，出任明惠上人奉赞会评议员。

昭和 6 年（1931，66 岁）

1 月，为视察欧美美术工艺品界而赴美，停留欧洲期间，受瑞典皇太子邀请，对斯德哥尔摩宫殿中的皇室收藏品进行鉴定。

△ 6 月 16 日，向东方文化学院京都研究所捐赠甘肃出土的彩陶一件（壶）、汉代彩绘陶鼎一个、汉小陶壶一个。

△ 12 月 18 日，捐赠慰问袋 200 个。

△ 12 月 19 日，出任弘法大师报讲会评议员。

昭和 7 年（1932，67 岁）

5 月，于大阪美术俱乐部召开"东西古美术展"。

△ 6 月 20 日，受邀出任大阪府工业奖励部委员。

△ 8月15日，受商工省委托，开始进行促进工艺品出口的调查工作。

△ 6月，向东京美术学校捐赠犍陀罗佛头两件；11月，又捐赠龙纹秦镜一件。

△ 11月，于东京的日本美术协会召开"世界古美术展"。

"世界古美术展"现场，昭和7年（1932），东京日本美术协会

△11月18日，成为日本美术协会终身会员。

△11月27日，向日本古美术协会捐赠陈列柜内电气装置及"世界古代美术展"照片集。

△11月，出任后援会特别会员。

△1月10日，捐赠慰问品水枕200个。

△5月，出任坐摩神社协赞委员、京都市献纳会赞助员。

昭和8年（1933，68岁）

6月23日，接受德国兴登堡总统授予罗汀·克罗伊兹（Roten Kreuz）勋章。

△9月，于东京日本美术协会召开"日本中国古陶美术展"；12月，于同地召开"现代屏风浮世绘琳派绘画展"。

△向帝室博物馆捐赠犍陀罗石佛群像（高23.5厘米）一座。

△2月，向武藏高等学校捐赠《世界古美术展览会图录》一百册，太政官制札两枚、正德年间奉行告示板一枚、文化年间山林制札一枚

△7月，向大阪府立贸易馆捐赠英国的各种图录36册。

△5月，向商工省京都陶瓷器实验所捐赠中国、暹罗（泰国）、朝鲜、波斯的陶瓷器共14件。

△2月，出任大阪癌症治疗研究会评论员。

△3月，出任大阪府工艺展览会理事、社团法人大阪府工艺协会理事、社团法人近畿协会评议员、轮盘俱乐部会员

及日本瑞典协会评议员。

昭和9年（1934，69岁）

5月，向帝室博物馆捐赠瓷器钵一件，并向该馆复兴翼

"中国、朝鲜古美术大展"现场，昭和9年（1934），东京日本美术协会

赞会捐赠现金 2000 日元。

△5月，于东京日本美术协会召开"中国、朝鲜古美术展"。

△10月，受国际文化振兴会之委托，为美国大都会艺术博物馆召开的能乐服装展提供展品，并承担其他事务。

△12月，于大阪美术俱乐部召开"日本古陶瓷、中国古美术展"。

昭和 10 年（1935，70 岁）

2月，向帝室博物馆捐赠勾玉两件。

△3月，向大阪美术俱乐部捐赠中国绒毡一幅。

△3月，出任大阪府产业工艺博览会商议员。

△5月，于东京日本美术协会召开"现代锦绣、人偶、莳绘艺术展"，11月，于同地召开"现代民间艺术品及石灯笼展"。

△11月，于大阪美术俱乐部召开"中国古美术及羊毛缎通展"。

△英国国王即位二十五周年纪念之际，英国皇家艺术学院召开国际中国艺术展，并于东京日英协会开设林权助男爵任委员长的展品征集委员会，受托负责一切事务管理。

昭和 11 年（1936，71 岁）

美国波士顿的哈佛大学成立三百周年纪念之际，召开"日

清代宫廷座钟，大阪"中国古美术展览"展品，昭和10年（1935），大阪美术俱乐部

本古美术展"。受日本国际文化振兴会委托，负责展品征集及其他一切事务。

△4月，出任帝国飞行协会特别会员。

△5月，于大阪美术俱乐部召开"现代锦绣、古代人偶、莳绘艺术品、工笔浮世绘展"。

△6月，于东京日本美术协会召开"现代屏风展"。

△8月1日，出任北野大茶汤三百五十周年纪念大型茶会干事。

△5月，向学习院捐赠"现代屏风展"照片集一册。

△向大礼纪念京都美术馆捐赠美术、工艺相关书籍（日本书籍64册、西洋书籍73册）。

△7月，为纪念山中商会创立四十周年，捐赠个人财产（每股25日元），号召成立天山纪念共济会。

△10月30日上午7点42而分，因胃溃疡逝世于大阪东区高丽桥三丁目的私邸中。

△11月4日，于大阪津村别院举行告别式，此日，讣告上达天皇，为表彰生前对艺术界之贡献，特旨于10月30日晋升从六位。

△12月9日，闲院宫殿下莅临关西日法协会，由法国大使卡姆勒尔授予莱昂·多努尔（Legion D'honneur）勋章。

三 天龙山石窟实地调查记

（大正7年，1918）

关野贞序

大正7年（1918），我在中国云游期间，探访了天龙山。天龙山曾长期不为世人所知，由于有人在此处发现了北齐、隋唐时期的石窟，并将其公之于世，天龙山才突然引起了世界的瞩目，引来海内外许多学者前往探访。石窟中的雕刻作品极美，被这种美感所震惊而发出的赞叹之词日益增多，导致当地居民自认奇货可居，于是产生了擅自破坏佛像，截取头部出售给外人的恶习。石窟内外，几百尊佛像顿失首级，惨不忍睹。山中定次郎先生，实为好古之士，曾于石窟被毁前后两次探访天龙山，并将佛像被损坏前的状态拍照记录，照片多达上百张。这些照片，也称得上不可复制的绝佳纪念了。此外，山中先生之后每当遇见天龙山石窟佛像的佛头，便出资买下，其数量已达四十余尊。天龙山石窟与他处不同，不仅是北齐及隋代石窟的完整遗存，也拥有初唐时代最为精美的雕刻作品，这在全中国也是独一无二的。由于该石窟地处偏远，且开凿于断崖石壁之上，人无法轻易到达，故而在长时间内免受人为破坏，保留了最初的面目。然而，由于近年频频遭受破坏，情状凄惨，实为人所痛惜。山中先生一面向世人介绍这处珍贵的遗迹，一面又为了将其真容流传于世，公布了石窟遭受破坏之前的详细记录及照片，并将自己收集的残损佛像的照片刊行于世，又邀请我为之作序。作为天龙山石窟最早的发现者，我对此地感情甚深，也为其遭遇痛心不已。现在，得知由于山中先生主持的纪念活动，其真容将得以流传于世，喜不自胜，于是义不容辞，谨以此序为卷首。

昭和3年（1928）9月30日

山中定次郎自序

我素来醉心于佛教艺术，深感其崇高秀丽，玄妙壮美。在大正13年（1924）6月，为了探求未知的佛教艺术，我踏上旅途，去探访保存了中国佛教艺术黄金时期——北齐至隋唐时代的众多名作的天龙山石窟。众所周知，天龙山石窟内佛龛、佛像等雕刻作品众多，实为佛教艺术的一大圣殿。对此敬仰已久的我，身临其境时也充满了惊讶与喜悦之情。怀着敬畏之心，我用手电筒多次查看了石窟中的各个角落，生怕漏掉一丝细节。我所感到的震撼，绝不是纸笔所能描述的。其后，由于无法压抑的仰慕之情，我于昭和元年（1926）10月，又探访了此地。这第二次探访天龙山石窟的经历，好像会见了失散多年的老友，让人雀跃不已。当我再次走进追忆已久的石窟与寺院，见到整然肃立的列佛，他们都与记忆中的样子分毫不差，好像在迎接我的再次到来。然而，细看佛像，我发现有几具曾经完整的塑像已经失去了头部，应该是被什么人凿下来的，令我感到十分惋惜。在那个瞬间，我仿佛觉得好像失去了一位老友。同时，对于那些胆敢毁坏如此名作的偷盗者们，我也很难抑制憎恨的情绪。虽然怀着极度失落之情，我还是坚持细细查看了好几处石窟，希望能找到滚落在角落的消失的佛头。结果，只能一边惋惜，一边离开了这里。可能是我寻找佛头的虔诚感动了佛祖，后来，从东西各方的遥远场所，我发现了许多萦绕在心中、久久不能忘怀的佛头。这真是无上之喜。每当偶遇一尊佛首，我都像发现了宝藏一样地惊喜万分。

经年累月，我所收集到的精美佛头已经多达数十尊，为此，我感到甚为欣慰。为了纪念这份欣慰之情，此次特以《天龙山纪行》为蓝本，将我研究的部分内容整理出版，作为纪念。

为了记叙本书编成的经纬，以及介绍内容概要，特此自序。

昭和3年（1928）7月

正文

天龙山石窟，位于山西省太原府西南80华里（现属太原县古晋阳）之西30华里，如果沿着风峪登山，越过25华里距离，就可到达天龙山之阴面。如果从晋祠（现属古塘村）出发，穿过柳子峪前进30华里，就可到达天龙山的阳面。

天龙山分为东西两座山峰，中间有白龙池，在东峰有石窟十二窟，在西峰也有十二窟。它们合称为上关，现在的

寺院则位于石窟南面山下大约 600 米的距离。古时被称为天龙寺，现在则叫做圣寿寺。从圣寿寺向西南方向前行大约 600 米的距离，还可以发现位于山坳之间的北侧山壁存有佛龛三座，两侧有房间，这五个石窟又被称为下关。

在记录石窟内容之前，先说明到达天龙山的路途细节：

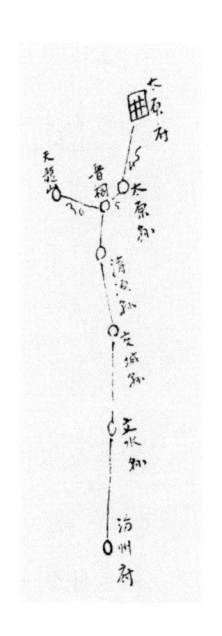

从北京出发，沿京汉铁路向南

特快列车（每周一、周四发车）：

北京晚 10 点发车次日早 5 点到达石家庄。

普通列车（每日发车）：

北京晚 11 点发车次日早 7 点 04 分到达石家庄。

在石家庄下车，换乘正太铁路，到达太原府

特快列车：

石家庄上午 8 点 15 分发车，下午 4 点到达太原府。

普通列车：

石家庄上午9点15分发车，下午6点到达太原府。

连接石家庄和太原两地的是正太铁路，附近有旅馆，方便旅客住宿。其中，数石家庄大桥头的晋通客栈、太原府南门内的迎宾馆最为便利，距离车站也较近。

住宿费：

西式客房：住宿一晚附送餐食，五元、三元二档。

中式客房：住宿一晚附送餐食，一元、八角二档。

从太原到天龙寺

从太原到达天龙寺的方法，有公共汽车、轿子或人力车等等。然而，由于长途公共汽车经常满员。买不到票，并且由于道路条件恶劣，乘坐轿子往往速度缓慢，价格也是公共汽车的两倍，所以如果行李不多，那么乘坐人力车才是最便利的选择。

从太原府出发往南40华里到达太原县，再从太原县西面的风峪登山，沿着大道而行，经过晋祠，登上柳子峪，这样的路线最为便利。

不管乘坐何种交通工具，只要到了晋祠，从那里去天龙寺的距离都是25华里，而这段路程除了徒步前行之外，别无选择，因此交通可谓非常不便。

太原、晋祠

人力车：一辆一元

公共汽车：一人一元

轿子：一顶二元

坐人力车大约三小时，就可到达晋祠，在这里吃过午饭（中餐），再付钱给人力车夫，请他背负行李，顺便承担引路的职责。这里的登山过程与日本大同小异，都令人感到非常吃力。从晋祠沿山麓向南六里，便可到达牛家口村，牛家口村位于柳子峪的山口，山谷中有许多煤炭、明矾出产，因此，该村的村民多是煤矿主和其他相关产业的从业者以及矿工。从牛家口村登山，就能看到沿着山谷两侧的崖壁中，布满了煤炭、铁矿石和明矾。

经过两三个村落之后，就到了15华里外的窑头村。这个村子因位于一处大型明矾矿的附近而得名，据说，从这里开始沿着山谷前往天龙寺，是古代的走法，但是，现在山谷里有许多断崖绝壁，已经不能通行。因此，现在的路线是从

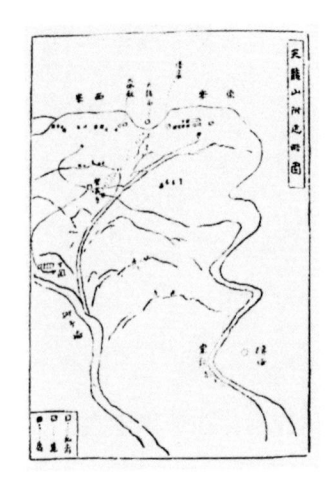

这里向北出发，沿着山腰向前4华里到达天龙寺东南角的砖塔，那附近有茂密的白松林，风景十分优美。向北方眺望，可以看见左边有圣寿寺，后方的山上排列着石窟，那就是天龙寺的石窟了。

从砖塔往下走数百米的路程，就可到达圣寿寺。这间寺院始于明代，虽然后来也经历了数次重修，但已甚为荒废。现在，大殿东侧加盖的房屋中住着方丈净亮和尚和其他两三名僧人。净亮和尚还兼任太原府南门外黄土沟白云寺的住持，他也经常在白云寺起居。

如图所示，天龙寺石窟的开凿工程始于北齐，历经隋、唐。其作品内容多种多样，与大同云冈石窟大小固定的佛龛相比，这处石窟的佛龛大小不一，具有丰富的变化，作为初唐时期的石窟，这里的作品质量实为其他地方所不能及。

北齐王朝，由东魏国的名将高欢建立，定都晋阳（现太原县以北5华里处的古城营村，至今还保存着名为古晋阳的泥土城墙,而现在的晋阳,则是指太原县城,它的城墙建于明代)附近。高欢的长子继位时,改年号为天保,于同年3月出征东南,并将都城迁到了邺城(现河南省彰德府)。晋阳则被改为别都,继续承担连接南北交通的要塞职责。由于当时佛教盛行,那个时代开凿的天龙寺北齐窟,是把云冈石窟、龙门石窟等地未完成的北魏艺术进行总结,集中其中优秀之作,在各个方面都有明显的进步。

为了作为现在的参考,记录有关中国天龙寺的实例一二如下:

天龙寺

县西南三十里在天龙山麓北齐建天保二年石室二十四在石窟四尊北汉广运三年汉主刘继之命匠冶金修佛金天会年废之至正二年重建明正德初僧道永大佛殿建高阁修佛嘉靖二十五年废西严镌三龛

上关的石窟,是在北齐、隋、唐几代开凿的,下关的三窟,则据说开凿于明末。

圣寿寺

县西 30 里建北齐皇建元年石室二十四在石佛四尊明正德初僧道永至正二年重建高阁修佛嘉靖二十五年西严镌三龛刺血书五十部经卷

天龙寺和圣寿寺实属同一寺庙，但由于两种称呼的记录存在年代的差异，所以如下记叙。

关于天龙寺的地形及其他的概况，以及关于石窟的基本情况，记录如下：首先，如果从东峰窟开始，给每个石窟标上号码，则东峰最东侧的石窟为第一窟，以此为序，根据数

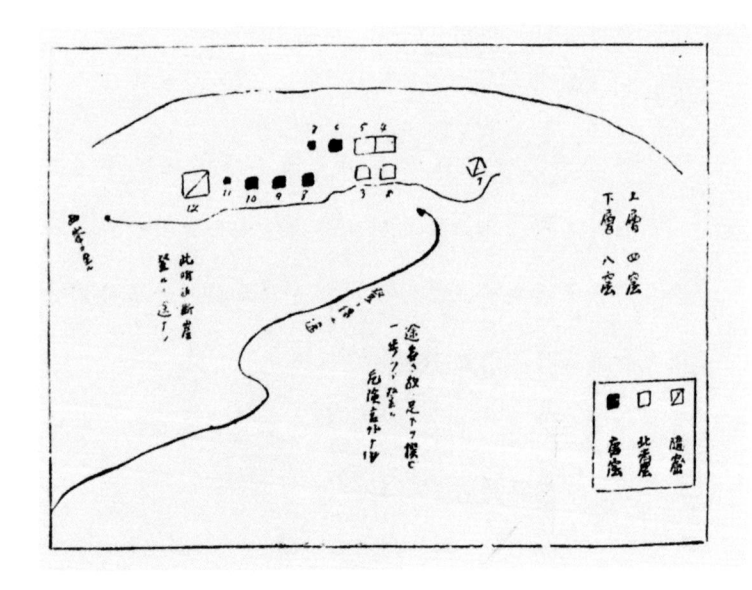

字大小逐渐向西峰移动。

第一窟（隋开皇年）

天王：无　石柱：无

石窟上方的三斗形与云冈石窟的三角形相比，增加了曲线的比重，观察字体，可以发现与"天"字有些许相似，这被认为包含了天龙寺特有的某种意义。石窟内外的其他纹样，与北齐风格的雕刻并无太大差异，西端有开凿于开皇四年（584）的石窟，通过分析它的形态和制式，也可以得出

该窟凿于开皇四年之前。

第二窟（北齐天保二年）

第三窟（北齐天保二年）

这两窟形式相同，窟内包含东、北、西三龛，北龛中摆放坐像，东龛中摆放并脚椅像，下方有莲花座，西龛也是相同的陈设。各个龛中都在两侧设有陪侍菩萨和净瓶，还有鸡心形的立体足下莲花座，北龛的外部两侧设有手持香炉的薄雕罗汉，还有面向佛龛进香的图案。面对石窟时，东龛的左侧、西龛的右侧都有线雕的信众合掌祈福图，东西二龛的南面，则有文殊、维摩二僧的问答图。在东南角，则刻有树下静观的场景，区别不大。石窟门前的洞口形制属于云冈石窟的风格，只在石窟内外两侧的柱头装饰上略有不同。

上层

第四窟

第五窟

并没有什么称得上佛龛的雕刻作品，在高欢夏宫中的古代记录中，曾出现过一处名为齐主宫的石窟，据说就是这里。

第六窟（唐）

第七窟（唐）为五代北汉广运三年（编注：此处原文有误）开凿的千佛洞

第八窟（唐）

第九窟（唐）

第十窟（唐）

第十一窟（唐）

第十二窟

该窟开凿于隋代开皇四年，是天龙寺石窟中唯一的塔窟。虽然根据窟中塑像的形制和年代推断，该窟的开凿应该受到了北齐风格的影响，但实际上，在雕刻的内容方面，则存在很大的差异。窟内中央立有石塔的形式，又与云冈石窟的风格相似。虽然该窟的规模仅次于北齐的大佛殿，但其中雕像作品的质量，则仅仅属于天龙寺石窟艺术中的二流。但是，作为隋朝初年的石窟作品，该窟的价值是极其值得重视的。

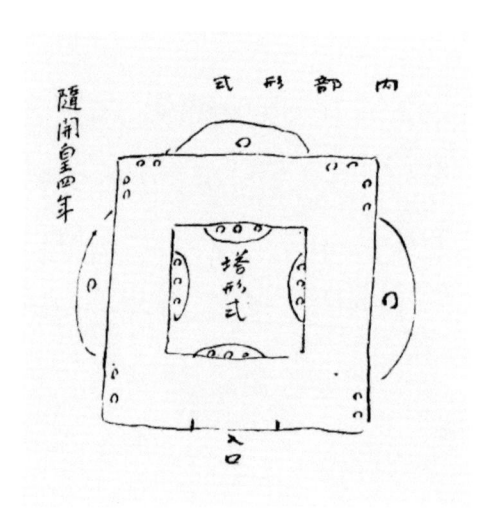

天龙庙白龙池

最初的天龙庙规模非常巨大,根据古代的记录,其中有大型石室三间,中间的洞内有清泉涌出,左右两边的洞中祭祀着龙神,在干旱的天气中祭祀求雨时,会忽然降雨,涌出灵泉。现在仅存西侧的一个洞窟,由于被沙土掩埋,仅留下两间,又经过后代的重建,现在只有白龙池中还有清水涌出。

玉皇阁

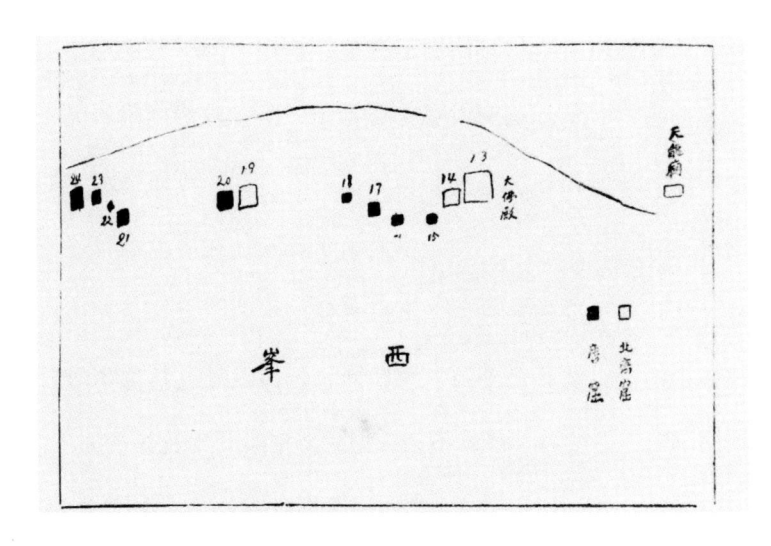

地处天龙庙的上方，存有三皇像，但均属后代增建，不足以供鉴赏。

第十三窟　大佛殿（北齐皇建元年）

大佛殿在天龙寺石窟中属最大，包含上下两层。上层有大佛，下层有普贤、观音、文殊三圣。下层的北侧石壁刻有多茎莲花佛像，普贤像的下方有洞穴，虽然现在已没有水，但据说这个洞穴曾被称为青龙洞。现存的楼阁，是在明代正德初年，由僧人道永主持建造的，现已荒废。据说在开凿之初，大佛两侧有类似于陪侍的塑像，现在大佛坐像的左边还留有其头部，从形制和大小也可推断，是大佛像的附属品。下层的三座佛像在形态和细节方面各有不同，可以推断它们的开凿存在一定的时间差，或是由于破损，在后世进行过修补。从技术水准的角度看，下层佛像的价值与上层是无法相提并论的。虽然我是外行，无法断言，但也见过其他初唐时期的洞窟，即使石窟尺寸不大，但只要观察其中造像的细节，也不难看出它们的雕刻水准是较为高超的。

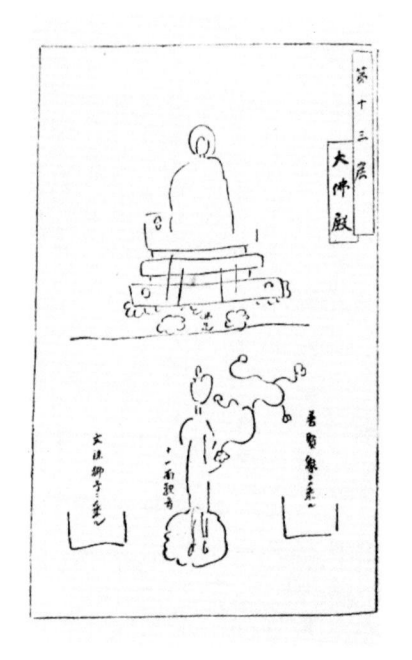

第十四窟（北齐）

根据推测，该窟是与大佛殿同时开凿的，有可能属于大佛殿的附属洞窟。该窟前的形制凸，在北齐的石窟中最为先进，是天龙寺石窟中独特的一窟。

该窟的特征，是在北侧石壁刻有二佛并坐的雕

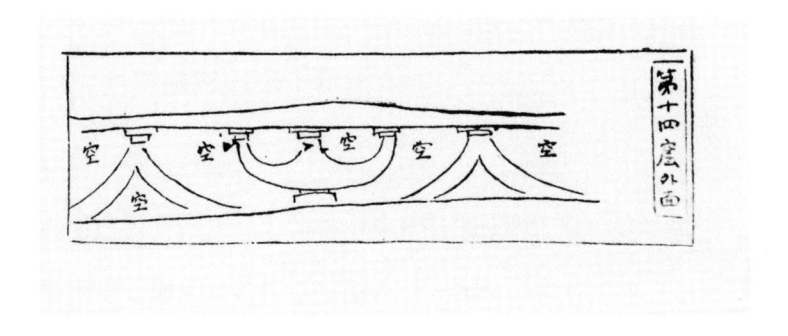

像，其他的佛龛也与云冈石窟有相似之处。

各个佛龛两侧的陪侍塑像也有宝冠为顶，龛外也设有人物，这一特点在云冈较为多见。

图中标"空"字的部分全部是镂空雕刻，这与西面十九窟的形式相比，在技术上是一种进步。

大佛殿是皇建元年（560）的作品，而西方十九窟也被推测建于同一时期，该窟内的武将和八角柱与山西省晋祠的童子寺（建于北齐天保七年，556）内的作品样式相同，又根据其中属于大同石窟直系的二佛并坐的佛龛形式等，可以推测该窟开凿的时间早于大佛殿。可见从东峰的二、三窟开始，由天保二年（551）逐渐向西推进，形成了天保年间建成的天龙寺石窟群。而第十九窟，则存在建于天保年间和皇建年间两种说法。

天保十年（559）

皇建一年（560）

虽然存有如上的石窟铭文，但由于无法判明字体，无法找到可以作为古代记录的可信证据，所以暂时不明。但无论如何，该窟与大同云冈的中峰大和窟的佛龛相似，具有其他北齐时代石窟所不具有的特征，所以可以推测，该窟的开凿者与其他石窟不是同一人物。（即使属于同一年代，开凿者也属于不同流派。）

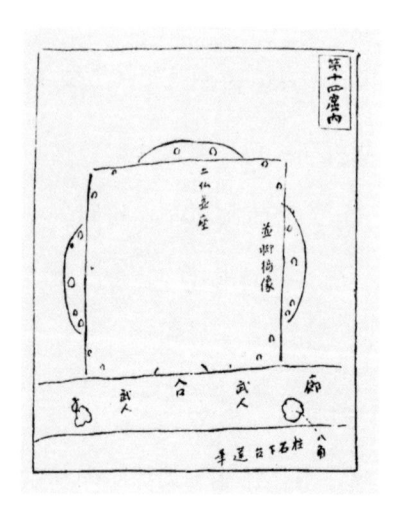

第十五窟（唐）

该窟规模较小

开口三尺见方

内部四尺见方

高五尺

正中佛像高二尺五寸

侧侍高一尺五寸

该窟是天龙山唐代石窟中最为优秀的作品，但其年代尚不明确，据推测为初唐时期的作品。

第十六窟（唐）

窟前有两座石塔，其附近有许多小龛，还刻有三层的石塔。

虽然石窟规模较小，但其作品质量较高，据推测是唐代天龙寺的附属，具体年代不明。

第十七窟

该窟中的塑像，具有唐代石窟技术的最高水平，窟内留有开凿时的年号和部分作者姓名，作为参考，记录如下：

　　　大唐文德元年五月吉日

　　　惠园　惠亮　惠净

文字内容如上，虽然无法判断该窟是否开凿于这个时代，但通过观察窟内的各个造像，其精美程度出类拔萃，正符合盛唐时代作品的特征。另外，在石窟南面石壁向北的西侧，留有翻修时的记录：

大宋嘉裕五年五月五日接损修佛

另外并未发现类似石室铭文的雕刻痕迹，但在该窟前面的西侧有一块平坦的开阔地，这片区域留有一些曾经建设过大型寺院楼阁的痕迹，也许这就是最早开始开凿石窟时天龙寺所在的遗址。

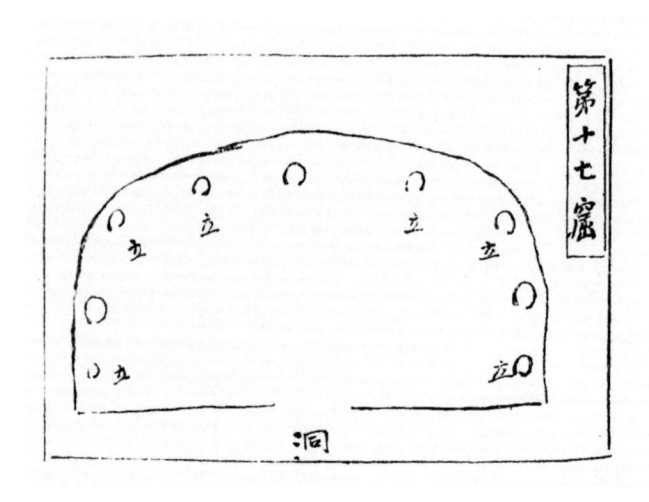

第十八窟（唐）

石窟前的形式，是在洞口两侧设置武将，在洞口的上方设置一尊飞天神像，在右侧刻有石室铭文。但由于年久失修，现在已没有留存。

窟内的石像与第十七窟相同，但由于雨水侵蚀，佛像已经全部被损毁，一尊也没有留下。

如果对照第十七窟和第十八窟中间的铭文，可以推测这两窟开凿于同一时期，第十七窟虽然拥有精美的内观，但其外侧没有任何雕刻。第十八窟则恰恰相反，虽然本身规模不大，但一切形制均与大型石窟相同，可以推测是当时具有代表性的寺院。

在天龙寺石窟中，保存完整的仅此一窟，因此它被视为北齐兴盛时期的代表性艺术作品。

第十九窟

该窟位于二十数尺高的断崖之上，其位置让人难以靠近观察。石窟前方有八角形石柱相对而立作为承重梁，其形制与第二窟、第三窟基本相同。石窟的入口两侧，有两座神将

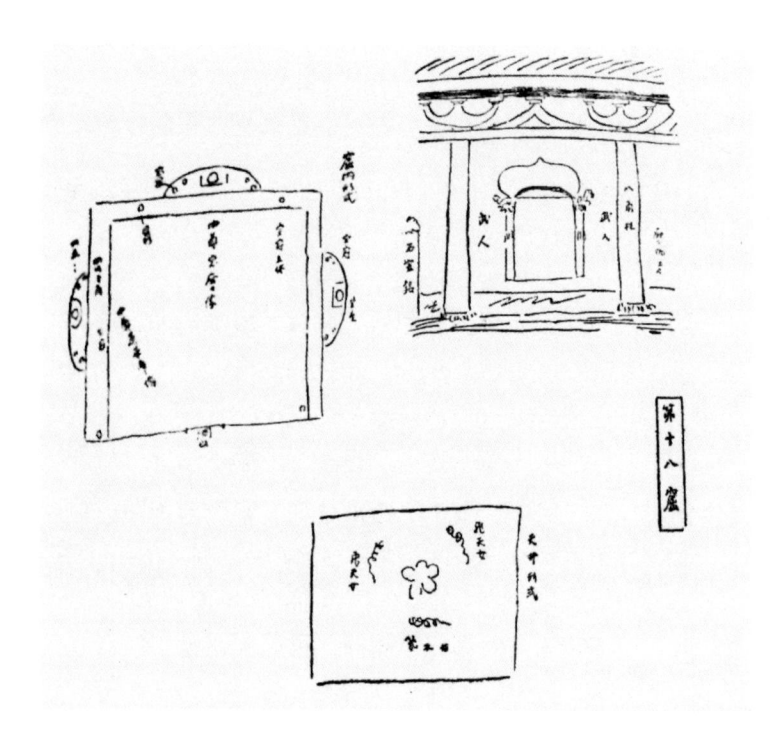

塑像。在左侧曾有石室铭文，但由于字迹磨损，现已无法辨认。铭文作为唯一可以判定年代的重要资料，没能保存下来，实在非常可惜。石窟内部十分宽敞，面积为十尺见方，房顶的高度大约也是十尺。在内部东、西、北三个方向雕有佛龛，这里具有一种特别值得关注的样式，每个佛龛都围有莲花形拱门，这些拱门代替其他石窟中的八角形石柱，成为石窟的承重部件。拱门顶端刻有龙头，北侧石壁安放有七尊佛像，

其中，中尊是结跏趺坐于方形底座上的释迦摩尼，他的发髻、面容，以至于衣服褶子的雕刻，无一不体现出北齐兴盛时期的作品特点。在佛祖两侧站立的是罗汉，罗汉的外侧，又有菩萨的立像，这些菩萨头戴宝冠。佛龛之外有立柱，立柱的两侧有手捧莲花的陪侍菩萨造像，他们脚踩莲花座，伫立于两旁。东西两侧的石壁上，各雕刻有五尊佛像。窟内东侧石壁雕刻有中尊佛像一座，结跏趺坐于方座之上，他的两侧是罗汉与菩萨；西侧石壁雕刻有同样的五尊塑像，只是这些佛像的宝座与东侧不同，是圆形的莲花座，背后还有精美的雕刻。罗汉及菩萨的塑像，都合掌敬立，具有古朴的雅趣。

佛像及藻井留存有少数彩绘的痕迹，但需要后人的修复。藻井上的彩绘以莲花图案的浮雕为中心，在周围环绕着三位飞天仙人。这一窟由于位置险要，得以被完整保存下来，拥有许多堪称杰作的北齐时期代表作，它们朴素的风格充分展示了那个时代的思想风潮。

第二十窟

第二十窟位于第十九窟前方稍低的断崖之前，坐落于高三十尺的高处，洞窟的门口两侧立有高举一侧手臂的天王，并有此♪图样，为纯粹的唐代样式。

洞口的上部，窟内东西北三侧墙壁设各种神一座；内东壁立有小胁侍像两座，北壁有稍大的半伽坐像两座，西侧墙壁与东侧墙壁有形式相同的束发，刻有深波纹〜的胁侍。从波状纹来看，东北壁比西北壁逊色，正是初唐时的作品。

第二十一窟（唐）

第二十一窟位于第二十窟西方约五十间距离处，处于高达十尺的断崖面上，石窟前的一部分已经坠毁，窟前没有天王像。

面对石窟前方的东侧墙壁，从右端开始依次有菩萨立体像、半伽坐像、中尊、半伽坐像、立体像五尊塑像。

面对北侧墙壁，从右端开始依次为半伽坐像、直线波浪形、立体合掌像、立体合掌像、中尊、宝座、曲线、波浪形、立体合掌像、立体合掌像、半伽坐像、半伽坐像。

西侧墙壁，右起：半伽坐像、直线波浪形、中尊、宝座、曲线、半伽坐像、直线波浪形。

观察这一窟的形制，与第二十窟有所相似，在技法上体现出大幅度的进步，其年代应为第二十窟之后，属天龙寺唐代石窟中的佳作。让人感到奇妙的是，东侧及北侧石壁都有五尊佛像，而西侧石壁仅有三座，然而三面墙壁的中尊形态相同，西侧石壁的中尊和两座侍立佛像的大小比另外两侧墙壁的稍大，只有这面墙壁的佛像后方，还刻有♪的纹样，对比其他的石窟，也有同一窟内各面墙壁的雕刻技艺良莠不齐的情况，应该是由于每面墙壁的雕刻作者不同的缘故。即使如此，这一窟也可称为天龙寺唐代石窟中最为优秀的作品，特别是东侧石壁。与之相邻的崖壁上，残存有雄伟的寺院遗址，可以推断，这座寺院就是代表了盛唐时期的天龙寺。

第二十二窟（唐）

第二十二窟位于第二十一窟大岩石的西面，由于雨水风化，已经残存无几。从仅存的一些遗迹来看，可以推断该窟与第二十一窟年代相同，虽然规模较小，但作品质量也较高，属于佳作。窟内北侧墙壁有中尊一座，洞口侧面有胁侍一座，东面墙壁有中尊和两座弟子像，南侧墙壁则与背面墙壁相同。该石窟面积狭小，只有四尺见方，几乎无法称之为一座石窟。

第二十三窟（唐）

第二十三窟位于第二十二窟向北六尺之处，由于雨水浸入，被埋入砂土之中，再经发掘而出。该窟面向南方，洞口宽三尺、高四尺，几乎没有任何雕刻。窟内呈半圆形，北面中尊为并脚椅像，左右为罗汉立像。面向东侧墙壁，中尊与北面墙壁相同，右侧为菩萨立像，乘在左侧的狮子上。西面墙壁上，则是普贤菩萨骑在右侧的大象背上，左边还有菩萨立像。以上九座塑像，都因为雨水侵蚀和砂土掩埋而不见了踪迹，只能大致推测，这些塑像虽然较为精巧，但与前者相比有所差距。如果能够观察造像的细节，估计可以判断作者的不同。然而该窟虽然规模不大，但形制较为完整。

第二十四窟

第二十四窟，是天龙寺唐代石窟中规模最大的。石窟前没有任何雕刻，面积达到二间半见方。窟中北侧墙壁有最大的中尊全伽坐像，有波浪状纹样 ΜΩ，两侧侍立着束发半伽坐像。东侧墙壁的中央部分，由于岩壁被破坏，中尊的座位已经消失，左右侧的胁侍则留存有立体的莲花座。西侧墙壁也同样受到破坏，又因为雨水浸入，已经难辨痕迹，只有左侧胁侍的头部尚存部分痕迹，身体都已消失不见。与前者相比，该窟年代应稍晚。西侧墙壁有"五代晋国天福六年四月六日石像罗汉十六座谨纳"字样，然而并没有发现罗汉像，应该是被人移走了。到此，天龙寺石窟上关二十四窟全部介绍完毕，以下特摘取天龙石窟历代的记录文章作为参考。

天龙石窟

东魏的将领高欢，在现太原县北的古城营村（古晋阳城）附近建立别都，高欢死后其子废帝自立称文宣帝，将东魏国号"天保"改为"齐"。

当时在晋阳西三十里的现天龙山建造了避暑宫，并开始在其下方开凿了有二窟佛龛的寺院，称为什么寺今日已不知道了。

然而，我想开山时祭祀龙王的事情应该会有的。那时，天龙庙、白龙寺开凿在大岩石上的池塘和成为现在大佛殿下层普贤像乘坐的大象的台石下有青龙洞，西南的山峪间有黑龙洞。

北齐天保七年（556），凿大佛于晋祠北方童子寺，将其所在地称为龙山。可以推断，由于寺址位于龙山顶端，故名为天龙。

北齐时代的作品数量为五座石窟，隋代至开皇四年（584）为止，亦开凿两窟。

由唐代开始，可以找到称此处为天龙山的文字记录，但也有可能在此之前的开山当时，已经将此处命名为天龙山。

天龙寺有"县西南三十里在天龙山麓建北齐皇建元年"的记载。

然而，天龙山、天龙寺的名称古已有之。

石窟的开凿工作结束于唐代。至宋代嘉祐五年（1060），重修时并无重新开凿，石窟寺维持到宋代为止。

记录有元代至正二年（1342）进行重建，但到元代为止，石窟寺并未见有修补痕迹，可以推测，元代的重建是对山下现圣寿寺后方部分的重建（有寺院遗址）。

现在的圣寿寺遗址，出现在明代万历八年（1580）建的圣寿禅林院内发现的五代北汉千佛楼碑中。此碑背面有对于元代至正二年重建佛寺的记录。在这个场所发现千佛楼碑，让人感到不可思议，据推测，应该是明代重建圣寿禅林时，从山上运下来的缘故。金朝天会二年（1124），由于废佛运动，部分佛像遭到损毁，损伤的部位主要是发髻、鼻子、手等处。

有记录显示，明代正德初年，圣寿寺僧人道永主持修建了大佛殿高阁，在大佛殿发现的香炉碎片上也有道永的名字痕迹，香炉铭文显示其制作地点为北京琉璃厂。还有记录显示，明代嘉靖二十五年（1546），由于兵变，圣寿禅林被大火烧毁，当时的住持洪连在西南方的山中黑龙湾开凿了三座佛龛，以避战乱。现在被称为下关的这三座洞窟，即为明嘉靖二十五年洪连开凿的。

明代石窟的内容

到此处，始见道教石窟，该窟内凿有佛教及道教塑像，应是由于当时二教共同流行的缘故。

此外，晋祠北面有静居观（前名昊天观），其东面的大岩石上有数个道教石窟。无论该石窟内容如何，历经数百年仍然存在的道教石窟，都具有较高的珍稀价值。

天龙石窟及寺院在明代万历八年（1580）之前，曾有贯通东西的栈道，这在万历年间的《天龙八景》中有所记载。

明代窟

文殊像 释迦像 普贤像	旧	玉皇 玉皇 玉皇
九体 罗汉洞 九体	千佛洞 文宣王像	玉皇洞

四 山中商会展销（拍卖）中国文物艺术品展会一览表

年度	地点	名称（内容）
明治30年（1897）	波士顿	东亚文物艺术品展销会
明治38年（1905）	纽约	中国文物艺术品展销会
明治39年（1906）	纽约、波士顿、巴黎	东亚文物艺术品展销会
明治40年（1907）	纽约	东亚文物艺术品展销会
	波士顿	中国文物艺术品展销会
明治41年（1908）	纽约、波士顿	东亚文物艺术品展销会
明治42年（1909）	纽约、波士顿、巴黎	中国文物艺术品展销会 东亚文物艺术品展销会
明治43年（1910）	纽约、波士顿、巴黎	中国文物艺术品展销会 东亚文物艺术品展销会
明治44年（1911）	纽约、波士顿、伦敦	中国文物艺术品展销会 东亚文物艺术品展销会
大正元年（1912）	纽约	中国文物艺术品展销会
大正2年（1913）	纽约	天上至宝——恭王府宝物专拍
	伦敦	恭王府玉器专拍
大正3年（1914）	伦敦	中国古代青铜器、陶瓷展览
	纽约	卓越古代中国文物艺术品收藏（包括中国天津贵族私人收藏）
大正4年（1915）	波士顿	高品质珍贵及瑰丽东方文物艺术之宝
	纽约	中国瓷器及早期文物艺术品专场

年份	地点	展览
大正 5 年（1916）	纽约	古老东方帝国的罕见名家之珍宝
	纽约	中国及日本宫廷艺术珍宝
	波士顿	东方艺术珍品展
大正 6 年（1917）	纽约	中国故宫的艺术珍宝（家具、前清王朝皇族的礼仪冠等）
大正 7 年（1918）	纽约	中国文物艺术品展销会 东亚文物艺术品展销会
大正 8 年（1919）	纽约、伦敦	东亚文物艺术品展销会
大正 9 年（1920）	纽约	中国文物艺术品展销会
大正 10 年（1921）	纽约	东亚文物艺术品展销会
大正 11 年（1922）	纽约	中国文物艺术品展销会
大正 12 年（1923）	大阪	古代中国美术展观（包括端方旧藏）
	伦敦	古代中国雕刻、铜器、陶器及明瓷展
	伦敦	中国古代玉器展
大正 13 年（1924）	大阪	埃及、希腊、波斯、中国古代美术展观 中国古美术展观
大正 14 年（1925）	伦敦	中国文物艺术品展销会
大正 15 年（1926）	大阪	东西古陶金石展观 东西古织锦绣展观
昭和元年（1926）	波士顿	高棉、暹罗、犍陀罗石雕刻及暹罗绘画展
	大阪	世界东西方三十余国古代染织工艺展
昭和 2 年（1927）	伦敦	中国文物艺术品展销会
昭和 3 年（1928）	大阪	中国古陶金石展观 天龙山石佛集
昭和五年（1930）	大阪	世界民众古艺术品展览会
昭和 6 年（1931）	伦敦	中国文物艺术品展销会

昭和 7 年 （1932）	大阪	东西古美术展览会
	东京	世界古美术展览会
昭和 8 年 （1933）	东京	日本中国古陶美术展览会
	东京	中国古美术日本古陶瓷展览会
	大阪	世界古代裂（碎布片）日本民艺品展览会
	波士顿	中日朝艺术品及家具展览会
昭和 9 年 （1934）	东京	中国、朝鲜古美术展观
	大阪	日本古陶瓷中国古美术展览会
	纽约	汉代至二十世纪中国陶马及陶驼展览会
	纽约	洛克菲勒中心中国艺术品展
昭和 10 年 （1935）	伦敦	中国文物艺术品展销会
	大阪	中国古美术展览会及羊毛缎通
	大阪	时代民艺品、石灯笼展览会并中国羊毛缎通
昭和 12 年 （1937）	大阪 伦敦	古美术品展观——故山中定次郎氏搜集品入札（收藏品投标）日中古陶瓷器、民艺品等
		中国文物艺术品展销会
昭和 13 年 （1938）	大阪	世界古美术大展观
	大阪	中国缎通展观
	纽约	中国青铜器和佛像展览
昭和 14 年 （1939）	东京	东洋古美术展观
昭和 28 年 （1943）	纽约	中国及其他远东艺术品专拍
昭和 29 年 （1944）	纽约	山中商会藏品、美国政府清盘专拍（作为敌产拍卖）

五　中外博物馆藏山中商会贩卖的中国文物艺术品知悉录

（一）美国

序号	名称	收藏单位	注记
1	西周青铜牛觥（见彩图11）	纽约大都会博物馆	1913年纽约"恭王府宝物专拍"拍品311，成交价5200美元
2	北魏鎏金佛两件（见彩图3）	纽约大都会博物馆	洛克菲勒二世夫人捐赠，1925年从纽约山中商会分店购入，价格22.5万美元
3	孔雀石山子	纽约大都会博物馆	1913年恭王府拍品134，成交价1550美元
4	唐干漆夹苎坐佛像（见彩图1）	纽约大都会博物馆	原属河北正定隆兴寺，1917年山中商会在北京购入，贩卖于美国
5	唐天龙山石窟菩萨头像（第21窟）	纽约大都会博物馆	砂岩，洛克菲勒二世夫人购自山中商会，1942年捐赠博物馆
6	中国陶瓷23件	纽约大都会博物馆	据《山中定次郎传》日文版第105页记载，纽约大都会博物馆购入23件中国陶瓷
7	宋印花碗	纽约大都会博物馆	1911年山中定次郎捐赠
8	唐陶犬	纽约大都会博物馆	1911年山中定次郎捐赠
9	唐陶犬	纽约大都会博物馆	1911年山中定次郎捐赠
10	唐佛像	纽约大都会博物馆	1919年罗杰斯基金转赠
11	唐鎏金铜龙	纽约大都会博物馆	1930年乔治.D.普拉特特转赠
12	唐鎏金铜龙	纽约大都会博物馆	1930年乔治.D.普拉特特转赠

13	清中国地图屏风	纽约大都会博物馆	1925年山中商会捐
14	隋—唐四系罐	纽约大都会博物馆	1911年山中定次郎捐赠
15	六朝—唐四系罐	纽约大都会博物馆	1911年山中定次郎捐赠
16	唐长颈瓶	纽约大都会博物馆	1911年山中定次郎捐赠
17	北宋壶	纽约大都会博物馆	1911年山中定次郎捐赠
18	唐罐	纽约大都会博物馆	1911年山中定次郎捐赠
19	唐长颈瓶	纽约大都会博物馆	1911年山中定次郎捐赠
20	唐—北宋罐	纽约大都会博物馆	1911年山中定次郎捐赠
21	北宋水壶	纽约大都会博物馆	1911年山中定次郎捐赠
22	唐三彩龙纹瓶	纽约大都会博物馆	1911年山中定次郎捐赠
23	唐三彩盖罐	纽约大都会博物馆	1911年山中定次郎捐赠
24	陶碗	纽约大都会博物馆	1911年山中定次郎捐赠
25	清末民初观音像	纽约大都会博物馆	1928年山中商会捐赠
26	青瓷碗	纽约大都会博物馆	1911年山中定次郎捐赠
27	青瓷碗	纽约大都会博物馆	1927年山中商会捐赠
28	宋黑釉碗	纽约大都会博物馆	1917年山中商会捐赠
29	宋陶锅	纽约大都会博物馆	1917年山中商会捐赠
30	明宣德图章	纽约大都会博物馆	1919年山中商会捐赠
31	唐瓷钵	纽约大都会博物馆	1925年山中商会捐赠
32	唐瓷钵	纽约大都会博物馆	1925年山中商会捐赠
33	唐盖碗	纽约大都会博物馆	1925年山中商会捐赠
34	汉釉陶板	纽约大都会博物馆	1911年山中定次郎捐赠
35	唐骑马俑	纽约大都会博物馆	1911年山中定次郎捐赠
36	18世纪珠宝发簪	纽约大都会博物馆	1978年，为纪念艾伦，山中后人捐赠
37	清康熙镶金板	纽约大都会博物馆	1979年山中后人捐赠
38	清刺绣编制横幅	纽约大都会博物馆	1979年山中后人捐赠

39	清刺绣编制横幅	纽约大都会博物馆	1979年山中后人捐赠
40	清刺绣编制横幅	纽约大都会博物馆	1979年山中后人捐赠
41	10世纪菩萨图册页	纽约大都会博物馆	1924年罗杰斯基金会转赠
42	南宋花卉卷轴	纽约大都会博物馆	1924年弗兰彻基金转赠
43	南宋花形器	纽约大都会博物馆	1924年弗兰彻基金转赠
44	汉青铜金属扣	纽约大都会博物馆	1930年乔治.D.普拉特转赠
45	元钧窑小碗	纽约大都会博物馆	1975年罗伯特收藏转赠
46	清珊瑚鼻烟壶	纽约大都会博物馆	1971年范妮·夏皮罗夫人遗物转赠
47	观音画	纽约大都会博物馆	1918年罗杰斯基金转赠
48	唐汉白玉菩萨立像(见彩图5)	纽约大都会博物馆	1926年购自山中商会，洛克菲勒二世夫人捐赠
49	宋耀州窑青釉双子纹碗	纽约大都会博物馆	1911年山中商会捐赠，编号11.8.7
50	唐彩釉陶狗	纽约大都会博物馆	1911年山中商会捐赠，编号11.7.3
51	唐彩釉陶狗	纽约大都会博物馆	1911年山中商会捐赠，编号11.7.4
52	明青花图章	纽约大都会博物馆	《山中定次郎传》日文版第106页记载
53	东周、战国玉环	华盛顿弗利尔美术馆	1948年购自山中商会
54	东周、战国玉龙衣勾	华盛顿弗利尔美术馆	1948年购自山中商会
55	山水人物	华盛顿弗利尔美术馆	山中商会旧藏，1948年迈耶转赠
56	东周青铜钟	华盛顿弗利尔美术馆	山中商会旧藏，1987年赛克勒转赠
57	清乾隆粉彩人物图瓶	华盛顿弗利尔美术馆	山中商会伦敦拍卖会拍品160，成交价168英镑
58	战国网纹玉环	华盛顿弗利尔美术馆	1948年购自山中商会

59	战国玉龙首带钩	华盛顿弗利尔美术馆	1948年购自山中商会
60	春秋青铜镈	华盛顿弗利尔美术馆	1987年赛克勒转赠，山中商会旧藏
61	春秋兽面纹青铜壶	华盛顿弗利尔美术馆	1913年纽约"恭王府宝物专拍"拍品343，成交价5200美元
62	清乾隆粉彩人物图瓶	华盛顿弗利尔美术馆	山中商会伦敦拍卖会拍品160，成交价1168英镑
63	隋或初唐干漆夹苎佛像（见彩图2）	华盛顿弗利尔美术馆	1944年购自山中商会，此坐佛1917年在北京收购，河北正定隆兴寺流失
64	清乾隆珐琅彩人物图瓶（见彩图30）	华盛顿弗利尔美术馆	1943年购自山中商会纽约拍卖会，成交价6万美元
65	唐干漆夹纻坐佛像	巴尔的摩沃尔特斯艺术馆	购自山中商会
66	唐汉白玉菩萨立像	洛克菲勒亚洲艺术基金会	1926年购自山中商会
67	明鎏金释迦铜佛	洛克菲勒亚洲艺术基金会	购自山中商会
68	大无阿弥陀佛	洛克菲勒亚洲艺术基金会	购自山中商会
69	清末黄玻璃鼻烟壶	西雅图艺术博物馆	1918年购自纽约山中商会，15美元
70	清雍正瓷胎画珐琅水盂	西雅图艺术博物馆	购自芝加哥山中商会分店，12美元
71	清雍正紫红釉瓷碗	西雅图艺术博物馆	购自芝加哥山中商会分店，85美元
72	金定窑印花白釉碟	西雅图艺术博物馆	购自芝加哥山中商会分店，225美元

73	明玉水盂	西雅图艺术博物馆	购自芝加哥山中商会分店，200美元
74	唐白釉高足杯	西雅图艺术博物馆	富勒购自纽约山中商会分店，100美元
75	六朝玉羊	西雅图艺术博物馆	富勒购自纽约山中商会分店，185美元
76	唐大理石舞女俑	西雅图艺术博物馆	富勒1930年购自芝加哥山中商会分店，2000美元
77	唐或之后黑石骑马女俑	西雅图艺术博物馆	富勒1930年购自芝加哥山中商会分店，2500美元
78	民国佛像石碑	西雅图艺术博物馆	富勒1932年购自山中商会，4000美元
79	唐三彩陶马	西雅图艺术博物馆	富勒1932购自山中商会，1200美元
80	唐镂刻凤凰金片一对	西雅图艺术博物馆	富勒购自山中商会
81	辽白釉盘口瓷瓶	西雅图艺术博物馆	富勒购自芝加哥山中商会分店，250美元
82	明德化白釉观音立像（1615年）铭	西雅图艺术博物馆	富勒1931年购自山中商会，2500美元。1934年与山中交换一尊天龙山佛像，之后山中又以750美元再次售于富勒
83	唐天龙山菩萨立像（残）	西雅图艺术博物馆	富勒1934年购自纽约山中商会分店，残像推测来自天龙山18号石窟左壁
84	商代青铜爵	西雅图艺术博物馆	富勒与山中商会交换品
85	明佚名绢本《文人望月图》	西雅图艺术博物馆	富勒1935年购自伦敦山中商会分店
86	明佚名绢本《雪柳野鹅图》	西雅图艺术博物馆	富勒1935年购自伦敦山中商会分店
87	清高其佩《牵马图》	西雅图艺术博物馆	富勒1935年购自伦敦山中商会分店，编号36.61
88	清乾隆天青釉瓷盆	西雅图艺术博物馆	富勒购自纽约山中商会分店

89	清乾隆青釉瓷碟	西雅图艺术博物馆	富勒购自纽约山中商会分店
90	商青铜面具	西雅图艺术博物馆	富勒购自山中商会
91	战国黑陶鸟形香炉	西雅图艺术博物馆	富勒购自山中商会
92	唐彩绘武士俑	西雅图艺术博物馆	富勒购自山中商会
93	17世纪周文枢铭犀角杯	西雅图艺术博物馆	富勒购自山中商会
94	清羊首玉杯	西雅图艺术博物馆	富勒购自山中商会,3500美元
95	西周龙纹玉璧	西雅图艺术博物馆	富勒1939年购自山中商会,一组20件,每件200美元以下
96	汉西王母纹青铜镜	西雅图艺术博物馆	富勒与山中商会交换品,价值500美元
97	唐青铜长柄香斗	西雅图艺术博物馆	富勒1939年购自山中商会
98	唐三彩牛车俑	西雅图艺术博物馆	富勒购自山中商会,1200美元
99	清乾隆青花抱月瓶一对	西雅图艺术博物馆	富勒购自山中商会,300美元
100	唐三彩天王俑	西雅图艺术博物馆	富勒1943年购自山中商会纽约拍卖会,1250美元
101	商青铜匕首	西雅图艺术博物馆	富勒1943年购自山中商会纽约拍卖会,500美元
102	西周青铜甗	西雅图艺术博物馆	富勒1943年购自山中商会纽约拍卖会,250美元
103	金或元磁州窑刻花黑釉罐	西雅图艺术博物馆	富勒1943年购自山中商会纽约拍卖会,500美元
104	辽鎏金青铜面具	西雅图艺术博物馆	富勒1943年购自山中商会纽约拍卖会,750美元
105	隋大理石立佛像（见彩图6）	西雅图艺术博物馆	富勒1943年购自山中商会纽约拍卖会,拍品407,1750美元,编号43.99

106	北齐石灰岩立佛像	西雅图艺术博物馆	富勒1943年购自山中商会纽约拍卖会，拍品397，4000美元，1935年曾在伦敦中国艺术国际展览会展出。（伦敦苏富比1940年400英镑购自山中商会，后转拍卖），编号43.15
107	唐三彩陶俑	西雅图艺术博物馆	富勒1943年购自山中商会纽约拍卖会拍品，482，875美元
108	清佚名《达摩肖像画》	西雅图艺术博物馆	购自山中商会，编号36.119
109	明佚名《鸭鹅戏水图》	西雅图艺术博物馆	购自山中商会，编号46.236.1-2
110	清佚名《鲤鱼图》	西雅图艺术博物馆	购自山中商会，编号36.117.1-2
111	清佚名《山景图》	西雅图艺术博物馆	购自山中商会，编号38.162
112	清佚名《山水画》	西雅图艺术博物馆	购自山中商会，编号35.589
113	清德化白釉观音像（见彩图18）	西雅图艺术博物馆	1943年购自山中商会，编号43.42
114	明仿马远《山居图》	西雅图艺术博物馆	购自山中商会，编号36.12
115	商鸟形卣	哈佛大学艺术博物馆	山中商会1938年《中国青铜器和佛像》图1
116	周甲骨文14件	哈佛大学艺术博物馆	山中定次郎捐赠
117	敦煌人物画匾额	哈佛大学艺术博物馆	山中定次郎捐赠
118	唐天龙山石窟彩绘坐佛像（第21窟）	哈佛大学艺术博物馆	购自山中商会

119	清末民初银镀金杯	芝加哥艺术博物馆	山中商会旧藏，1930年凯特转赠
120	清康熙挂画	芝加哥艺术博物馆	山中商会
121	元菩萨像大壁画两件	芝加哥艺术博物馆	购自山中商会
122	唐高足陶杯	芝加哥艺术博物馆	1930年山中商会捐赠，编号1930.498
123	唐陶把杯	芝加哥艺术博物馆	1930年山中商会捐赠，编号1930.499
124	战国三足红陶罐	芝加哥艺术博物馆	1925年山中商会捐赠，编号1925.357
125	战国三足红陶罐	芝加哥艺术博物馆	1925年山中商会捐赠，编号1925.358
126	清仿王蒙山水画	芝加哥艺术博物馆	山中商会曾经手，编号1970.551
127	明书法卷轴	芝加哥艺术博物馆	山中商会曾经手，编号1926.377
128	北齐或隋佛头像	芝加哥艺术博物馆	购自山中商会
129	商三足杯	芝加哥艺术博物馆	1926年莫德曾经收藏过
130	汉陶农舍	芝加哥艺术博物馆	1935年购自山中商会，100美元
131	金彩绘木雕水月观音坐像（见彩图7）	波士顿美术馆	1920年购自山中商会，木雕背后文字表明原属山西稷山县
132	汉漆器笼	波士顿美术馆	山中定次郎捐赠
133	清天鹅绒碎片	波士顿美术馆	1931年山中商会
134	唐双柄龙头壶	波士顿美术馆	山中商会捐赠
135	明或以后面具	波士顿美术馆	山中商会捐赠
136	清鸟浴图	波士顿美术馆	山中商会捐赠
137	清黄玫瑰图	波士顿美术馆	山中商会捐赠
138	清绣花球和玫瑰图	波士顿美术馆	山中商会捐赠
139	盘、碟	波士顿美术馆	山中商会捐赠
140	盖罐	波士顿美术馆	山中商会捐赠

141	铺首	波士顿美术馆	山中商会波士顿分店福田销售
142	铺首	波士顿美术馆	山中商会波士顿分店福田销售
143	香座	波士顿美术馆	山中商会波士顿分店福田销售
144	香炉	波士顿美术馆	山中商会波士顿分店福田销售
145	花瓶	波士顿美术馆	山中商会波士顿分店福田销售
146	托盘	波士顿美术馆	山中商会波士顿分店福田销售
147	托盘	波士顿美术馆	山中商会波士顿分店福田销售
148	托盘	波士顿美术馆	山中商会波士顿分店福田销售
149	箱子	波士顿美术馆	山中商会波士顿分店福田销售
150	箱子	波士顿美术馆	山中商会波士顿分店福田销售
151	唐随葬罐	波士顿美术馆	购自山中商会
152	清乾隆圆明园装饰织物	波士顿美术馆	1941年购自山中商会，115美元
153	中国盘子	波士顿美术馆	1904年波士顿分店福田销售
154	汉碗	波士顿美术馆	1937年与山中商会交换
155	南宋陈容《九龙图》（见彩图16）	波士顿美术馆	原属恭王府藏品，1917年罗吉以2.5万美元购自山中商会
156	康熙宫廷长袍5件	波士顿美术馆	1902年购自山中商会，编号156至171，共20件，共计2650美元
157	光绪宫廷长袍	波士顿美术馆	1902年购自山中商会
158	光绪女仆宫廷长袍	波士顿美术馆	1902年购自山中商会
159	宣统女仆宫廷长袍	波士顿美术馆	1902年购自山中商会
160	宣统女仆宫廷长袍	波士顿美术馆	1902年购自山中商会
161	宣统女仆宫廷长袍	波士顿美术馆	1902年购自山中商会
162	光绪女仆长袍	波士顿美术馆	1902年购自山中商会
163	咸丰女仆长袍	波士顿美术馆	1902年购自山中商会
164	光绪女仆长袍	波士顿美术馆	1902年购自山中商会

165	咸丰女仆长袍	波士顿美术馆	1902 年购自山中商会
166	光绪女仆长袍	波士顿美术馆	1902 年购自山中商会
167	清龙袍外套	波士顿美术馆	1902 年购自山中商会
168	光绪女仆外套	波士顿美术馆	1902 年购自山中商会
169	道光女性马褂	波士顿美术馆	1902 年购自山中商会
170	嘉庆宫廷长袍	波士顿美术馆	1902 年购自山中商会
171	乾隆道士法衣	波士顿美术馆	1902 年购自山中商会
172	清丝绸	波士顿美术馆	1907 年登曼·沃尔多·罗斯转赠
173	北魏马俑	波士顿美术馆	1936 年与山中商会交换
174	唐菩萨	波士顿美术馆	1937 年与山中商会交换
175	清新疆喀什地毯	波士顿美术馆	1937 年与山中商会交换
176	北周、隋石雕观音像	波士顿美术馆	1915 年购自山中商会，3200 美元
177	明绢片四块	波士顿美术馆	山中定次郎捐赠
178	清天鹅绒碎片	波士顿美术馆	1931 年山中商会捐赠
179	明狮子石雕（母）	宾夕法尼亚大学博物馆	购自山中商会，编号 C86
180	明狮子石雕（公）	宾夕法尼亚大学博物馆	购自山中商会，编号 C87
181	唐三彩人马俑	宾夕法尼亚大学博物馆	购自山中商会，编号 C109
182	唐三彩人马俑	宾夕法尼亚大学博物馆	购自山中商会，编号 C110
183	汉绿釉陶楼	宾夕法尼亚大学博物馆	购自山中商会，编号 C365
184	汉犬形陪葬壶	宾夕法尼亚大学博物馆	购自山中商会，编号 C357
185	汉青釉罐	宾夕法尼亚大学博物馆	购自山中商会，编号 C358
186	汉釉陶陪葬灯	宾夕法尼亚大学博物馆	购自山中商会，编号 C359

187	汉釉陶猪圈	宾夕法尼亚大学博物馆	购自山中商会，编号 C360
188	唐瓷罐	宾夕法尼亚大学博物馆	购自山中商会，编号 C363
189	宋或明瓷瓶	宾夕法尼亚大学博物馆	购自山中商会，编号 C364
190	唐三彩女坐俑	宾夕法尼亚大学博物馆	购自山中商会，编号 C650
191	唐三彩女立俑	宾夕法尼亚大学博物馆	购自山中商会，编号 C651
192	唐三彩女立俑	宾夕法尼亚大学博物馆	购自山中商会，编号 C652
193	北魏陶塑立像	宾夕法尼亚大学博物馆	购自山中商会，编号 C653
194	北魏陶塑立像	宾夕法尼亚大学博物馆	购自山中商会，编号 C654
195	青铜壶	旧金山亚洲艺术博物馆	1944年纽约山中商会清盘拍卖，拍品755号，1050美元
196	青铜杯	旧金山亚洲艺术博物馆	1944年纽约山中商会清盘拍卖，拍品765号，850美元
197	石佛头	旧金山亚洲艺术博物馆	1944年纽约山中商会清盘拍卖，拍品789号，375美元
198	石佛头	旧金山亚洲艺术博物馆	1944年纽约山中商会清盘拍卖，拍品803号，225美元
199	唐石碑拓本	克利夫兰美术馆	1919年山中商会捐赠，编号1919.75
200	唐石碑拓本	克利夫兰美术馆	1919年山中商会捐赠，编号1919.76
201	唐石碑拓本	克利夫兰美术馆	1919年山中商会捐赠，编号1919.77
202	石碑	克利夫兰美术馆	1916年山中商会捐赠，编号1916.64
203	石碑	克利夫兰美术馆	1916年山中商会捐赠，编号1916.65
204	唐铜岩上大鹫	纳尔逊美术馆	山中商会旧藏

（二）日本

序号	名称	收藏单位	注记
1	清雍正珐琅彩梅纹盘（见彩图29）	东京国立博物馆	来源山中商会，日本唯一指定为重要文化财的清代瓷器
2	隋天龙山石窟菩萨头像（第8窟）	东京国立博物馆	购自山中商会
3	唐天龙山石窟菩萨头像（第2窟）	东京国立博物馆	购自山中商会
4	唐天龙山石窟菩萨头像（第10窟）	东京国立博物馆	购自山中商会
5	唐天龙山石窟菩萨头像（第14窟）（见彩图9）	东京国立博物馆	购自山中商会
6	唐天龙山砂岩石如来倚坐像	东京国立博物馆	1934年"中国、朝鲜古美术展观"拍品377，日本指定重要文化财
7	秦铜面具	京都大学博物馆	1924年"大阪美术俱乐部中国古美术展"展品，山中商会捐赠
8	秦铜鎏金面具	京都大学博物馆	1924年"大阪美术俱乐部中国古美术展"展品，山中商会捐赠
9	秦银面具	京都大学博物馆	1924年"大阪美术俱乐部中国古美术展"展品，山中商会捐赠
10	秦银面具	京都大学博物馆	1924年"大阪美术俱乐部中国古美术展"展品，山中商会捐赠
11	十八体镀金观音像6件	京都国立博物馆	来源山中商会
12	甘肃出土彩陶	东方文化学院京都研究所	山中商会旧藏

序号	名称	收藏单位	注记
13	汉彩绘陶鼎	东方文化学院京都研究所	山中商会旧藏
14	汉小陶壶	东方文化学院京都研究所	山中商会旧藏
15	秦龙纹镜	东京艺术大学	1932年山中商会捐赠
16	敦煌《阎罗王授记经》	大阪和泉市久保惣纪念美术馆	山中商会旧藏
17	清乾隆粉彩梅花纹碗	京都藤井有邻馆	《中国古陶金石展观》拍品559
18	清乾隆绿彩杯台	京都藤井有邻馆	《中国古陶金石展观》拍品559
19	隋天龙山砂岩石金刚力士像（见彩图10）	京都藤井有邻馆	日本重要文化财
20	唐阎立本《回纥进宝图》卷	东京根津美术馆	清皇室御用旧藏，1928年《中国古陶金石展观》拍品299
21	古铜花瓶3件	京都住友泉屋博古馆	据泉屋博古馆《住友春翠》记载
22	古铜阜盉、铜镜	京都住友泉屋博古馆	据泉屋博古馆《住友春翠》记载
23	古铜花瓶、古铜卣、古铜镜5件	京都住友泉屋博古馆	据泉屋博古馆《住友春翠》记载
24	古铜器8件、古镜6件	京都住友泉屋博古馆	据泉屋博古馆《住友春翠》记载
25	提梁卣、水银铜乳虎卣、古铜尊彝	京都住友泉屋博古馆	据泉屋博古馆《住友春翠》记载

（三）加拿大

序号	名称	收藏单位	注记
1	宋曜变天目茶碗	安大略考古博物馆	《山中定次郎传》日文版第106页记载
2	宋曜变天目茶碗	安大略考古博物馆	《山中定次郎传》日文版第106页记载

序号	名称	收藏单位	注记
3	汉铜斧	安大略考古博物馆	《山中定次郎传》日文版第106页记载
4	殷商玉动物	安大略考古博物馆	《山中定次郎传》日文版第106页记载
5	汉代大瓦	安大略考古博物馆	《山中定次郎传》日文版第106页记载
6	宋天目茶碗	安大略考古博物馆	《山中定次郎传》日文版第106页记载

（四）欧洲

序号	名称	收藏单位	注记
1	明铜色绘镀金大圣像	大英博物馆	《山中定次郎传》日文版第106页记载
2	明铜色绘镀金武人座像	大英博物馆	《山中定次郎传》日文版第106页记载
3	宋影青水盂	大英博物馆	《山中定次郎传》日文版第106页记载
4	唐彩色金箔神俑	大英博物馆	《山中定次郎传》日文版第106页记载
5	汉青铜镜	大英博物馆	1926年山中商会捐赠
6	黑色粗陶碗	大英博物馆	1928年购自山中商会
7	宜兴瓷盖	大英博物馆	1925年山中商会捐赠
8	汉西北地区青铜马状腰带扣	大英博物馆	1927年自于山中商会
9	陶瓦碎片	大英博物馆	1922年山中商会捐赠
10	明中国蚕丝文人肖像壁挂	大英博物馆	1924年购自山中商会
11	南宋马远《山水图》	大英博物馆	1923年购自山中商会
12	隋唐雕花纯银剪刀	大英博物馆	1927年购自山中商会
13	马状骡形铜铃	大英博物馆	购自山中商会，1945年奥斯卡·查尔斯·拉斐尔捐

14	蓝绿色玻璃细珠	大英博物馆	购自山中商会，1945年奥斯卡·查尔斯·拉斐尔捐
15	黑白带孔圆形玉盘	大英博物馆	购自山中商会，1945年奥斯卡查尔斯拉斐尔捐
16	汉代蝉形翡翠	大英博物馆	购自山中商会，1945年奥斯卡·查尔斯·拉斐尔捐
17	唐天王鎏金青铜像	大英博物馆	购自山中商会，1945年奥斯卡·查尔斯·拉斐尔捐
18	唐彩色镀金天王陶人像	大英博物馆	1932年山中商会捐赠
19	唐天王彩色描金青釉像	大英博物馆	1932年山中商会捐赠
20	四轮木刻	大英博物馆	1908年山中商会捐赠
21	南宋花瓶	大英博物馆	1927年购自山中商会
22	宜兴大口水壶陶器	大英博物馆	1925年山中商会捐赠
23	魏晋南北朝泉涌模型	大英博物馆	1922年山中商会捐赠
24	清冷梅画卷轴	大英博物馆	1920年购自山中商会
25	清代碟形盘	大英博物馆	1947年亨利·奥本海姆捐
26	晋马俑	大英博物馆	购自山中商会，1945年奥斯卡·查尔斯·拉斐尔捐
27	东周铜镜	大英博物馆	购自山中商会，1945年奥斯卡·查尔斯·拉斐尔捐
28	唐铜镜	大英博物馆	购自山中商会，1945年奥斯卡·查尔斯·拉斐尔捐
29	唐或宋发夹	大英博物馆	购自山中商会，1945年奥斯卡·查尔斯·拉斐尔捐
30	明环形白翡翠	大英博物馆	购自山中商会，1945年奥斯卡·查尔斯·拉斐尔捐
31	东周人形玉	大英博物馆	购自山中商会，1945年奥斯卡·查尔斯·拉斐尔捐
32	周龙形翡翠片	大英博物馆	购自山中商会，1945年奥斯卡·查尔斯·拉斐尔捐

33	东周龙形玉片	大英博物馆	购自山中商会，1945年奥斯卡·查尔斯·拉斐尔捐
34	汉玉圆环	大英博物馆	购自山中商会，1945年奥斯卡·查尔斯·拉斐尔捐
35	汉蝉形玉	大英博物馆	购自山中商会，1945年奥斯卡·查尔斯·拉斐尔捐
36	晋翡翠	大英博物馆	购自山中商会，1945年奥斯卡·查尔斯·拉斐尔捐
37	昆虫形玉	大英博物馆	购自山中商会，1945年奥斯卡·查尔斯·拉斐尔捐
38	西周剑	大英博物馆	1945年山中商会
39	黄色玻璃珠	大英博物馆	1945年山中商会
40	15世纪鱼龙瓷盘	大英博物馆	1931年山中商会
41	金人形石俑	大英博物馆	1925年购自山中商会
42	唐佛像陶板	大英博物馆	1922年山中商会捐赠
43	唐碗	大英博物馆	1925年购自山中商会
44	青釉花瓶	大英博物馆	1920年让·亚历山大捐
45	青铜器	大英博物馆	1908年山中商会捐赠
46	明大理石佛像	大英博物馆	1945年山中商会捐赠
47	商青铜鼎	大英博物馆	1945年山中商会捐赠
48	明腰带扣	大英博物馆	1945年山中商会捐赠
49	唐金铜发饰	大英博物馆	1945年山中商会捐赠
50	明唐寅画作	大英博物馆	1929年购自山中商会
51	明铜人像	大英博物馆	1908年山中商会捐赠
52	东周剑鞘	大英博物馆	1945年山中商会
53	明瓷罐	大英博物馆	1927年购自山中商会
54	清画作	大英博物馆	1929年购自山中商会
55	明花瓶	大英博物馆	1934年购自山中商会
56	元花瓶	大英博物馆	购自山中商会

57	清壶罐	大英博物馆	购自山中商会
58	明壶罐	大英博物馆	1928年购自山中商会
59	清雍正花瓶	大英博物馆	购自山中商会
60	《洛神赋》丝绸画卷	大英博物馆	购自山中商会
61	西周早期告田觥（见彩图12）	丹麦哥本哈根博物馆	陕西省宝鸡戴家湾出土，纽约山中商会森多三郎购自天津，转卖波士顿希金森氏，后再转卖日本东京大藏龟氏和香港陈仁潜
62	铁明珍作岩上大鹫	伦敦维多利亚与艾尔伯特博物馆	《山中定次郎传》日文版第106页记载
63	宋明磁州窑瓷器7件	阿西莫阿博物馆	《山中定次郎传》日文版第106页记载
64	明代铁文人像	德国国家博物馆	《山中定次郎传》日文版第106页记载
65	宋哥窑轮花碗	英国大维德基金会	富田升《近代日本的中国艺术品流转与鉴赏》第155页记载
66	清雍正粉彩桃花纹盘	英国大维德基金会	富田升《近代日本的中国艺术品流转与鉴赏》第155页记载

（五）中国

序号	名称	收藏单位	注记
1	商末周初青铜子龙鼎	中国国家博物馆	传河南辉县出土，山中商会贩卖给日本私人，2006年从香港回购，4800万元人民币
2	唐天龙山石窟菩萨坐像	中国国家博物馆	海外回购回归
3	唐天龙山石窟菩萨头像	中国国家博物馆	海外回购回归
4	1945年山中商会查封各类文物	中国国家博物馆	1945年山中商会北京分店作为敌产被国民政府查封，1949年转移给人民政府，转藏于国家博物馆，共计356件

六　近年拍卖公司所见山中商会曾经手的拍品

序号	名称	拍卖公司	注记
1	北齐天龙山石窟西壁主尊佛首（第10窟）	纽约佳士得2008年秋拍	山西商人回购回国，成交价约合500万元人民币
2	清乾隆玉制碧玉兽面活环带盖瓶	香港佳士得2006年秋拍	成交价628万港元（1913年纽约恭王府宝物拍卖图录187号）
3	清乾隆御制白玉兽面活环带盖瓶	香港佳士得2006年秋拍	成交价460万港元（1913年纽约恭王府宝物拍卖图录186号）
4	清乾隆鎏金铜镶嵌珐琅料石转花花盆顶水法音乐钟	香港佳士得2008年春拍	1913年恭王府→山中商会→日本根津美术馆→佳士得拍卖，成交价3517.94万元人民币
5	清乾隆鎏金铜镶嵌珐琅料石转花盆预报时鸟音乐钟	香港佳士得2008年春拍	成交价2028.19万元人民币
6	清乾隆鎏金铜镶料石转花胡人献宝音乐钟	香港佳士得2008年春拍	成交价2620.83万元人民币
7	清乾隆鎏金铜镶珐琅料行转花万寿无疆音乐钟	香港佳士得2008年春拍	成交价2412.47万元人民币
8	清乾隆鎏金铜镶嵌珐琅转花太平景象音乐钟	香港佳士得2008年春拍	成交价1524.35万元人民币
9	清乾隆鎏金铜镶嵌珐琅料石云石座葫芦自摆钟	香港佳士得2008年春拍	成交价946.20万元人民币

10	清乾隆鎏金铜镶嵌料石自开门跑人音乐钟	香港佳士得2008年春拍	成交价676.4万元人民币
11	清嘉庆鎏金铜镶嵌料石飞鹰钟	香港佳士得2008年春拍	成交价577.39万元人民币
12	清乾隆御制紫檀漆地嵌玉圆光大座屏一对（见彩图32）	香港佳士得2010年秋拍	成交价3202万港元（1913年纽约恭王府宝物拍卖图录199号）
13	晚清翠玉双龙活环耳盖炉	香港佳士得2010年春拍	
14	明末犀角雕《兰亭序》杯	香港佳士得2010年"松竹堂珍藏"专场	成交价3990万港元
15	清康熙犀角莱菔尊	香港佳士得2010年"松竹堂珍藏"专场	山中商会→收藏家霍满堂旧藏
16	清乾隆粉彩皮球花纹罐一对	香港苏富比2013年春拍	1941年山中商会售出→Harry G·Steele旧藏
17	清乾隆御制紫檀水波云龙纹宝座	香港苏富比2009年秋拍	成交价8578万港元（1935年山中商会→亚洲私人购入→2009年刘益谦购入）
18	西周早期青铜史见瓿	北京嘉德2014年秋拍"元雨轩藏珍"	成交价161万元人民币（山中商会→美国斯普林菲尔德博物馆旧藏）
19	西周青铜龙耳三足匜	北京嘉德2012年秋拍	成交价391万元人民币
20	商代青铜兽面瓿	嘉德香港2013年春拍（流拍）	山中商会→比利时私人→纽约私人→纽约佳士得2010年春拍"戈登珍藏专场"→香港徐展堂→嘉德2013年春拍
21	清乾隆紫檀雕西蕃莲"庆寿纹"大宝座	北京嘉德2011年秋拍	成交价5750万元人民币（1935年山中商会"中国古美术展"拍品，系恭王府流出）

22	清乾隆紫檀高束腰蕉叶云蝠纹三弯腿带托泥香几一对	北京嘉德 2011 年秋拍	成交价 1265 万元人民币。（1935 年山中商会"中国古美术展"拍品，系恭王府流出）
23	清乾隆紫檀西蕃莲纹有托泥大方凳	北京嘉德 2011 年秋拍	1935 年山中商会《中国古美术展》拍品，系恭王府流出
24	宋李宗成《秋林坐眺图》	北京嘉德 2011 年春拍	山中商会 1935 年"中国古美术展览会"拍品 202
25	清乾隆御题天青釉笠式碗	北京保利 2014 年春拍	
26	清乾隆松石绿描金粉彩莲花观音瓶	北京保利 2014 年秋拍	山中商会 1934 年《日本古陶磁中国古美术展览会》图 615
27	清乾隆粉青釉雕龙呈祥纹八方瓶	北京保利 2014 年秋拍	成交价 1322.5 万元人民币
28	清光绪恭王府定制掐丝珐琅福寿纹五供	北京保利 2007 年春拍	"恭忠亲王""侧福晋"款
29	戴进《柳荫看山图》轴（设色绢本）	北京保利 2015 年春拍	成交价 1380 万元人民币。（山中商会 1935 年《中国古美术展览会》拍品 227）
30	清乾隆白玉花卉福喜活环耳奁	北京保利 2013 年秋拍	成交价 241.5 万元人民币（日本重要私人收藏，1920 年代购自山中商会）
31	西周青铜鱼尊	北京保利 2013 年春拍	陈介祺旧藏（详见《缀遗斋彝器考释》17 卷第 30 号）→山中商会曾于大阪美术馆展览该器
32	清乾隆官窑仿哥釉杏圆贯耳瓶	北京东正 2014 年春拍	
33	清雍正御窑天蓝釉蒜头瓶	北京东正 2014 年春拍"皇家长物——宫廷艺术品专场"	
34	清乾隆御窑慎德堂洋彩	北京东正 2014 年春拍	

35	清道光御窑慎德堂洋彩锦格纹高壮罐	北京东正 2015 年春拍	1932 年山中商会东京春季大展→日本关西重要私人旧藏（2015 年于日本出售）
36	北宋定窑白釉划莲塘浮鸭纹葵口盘	北京东正	
37	清乾隆翡翠圆雕净瓶观音立像	北京匡时 2011 年春拍	
38	清乾隆翡翠雕福寿纹螭龙耳四方瓶	北京匡时 2012 年秋拍	
39	清道光痕都斯坦飞天纹双耳盖瓶	北京匡时 2013 年春拍	
40	清乾隆羊脂玉龙纹瓶	中贸圣佳 2004 年	成交价 308 万元人民币（山中商会→日本私人→中贸圣佳）
41	明弘治御窑青花龙行莲池纹盘	广州俪宝 2013 年秋拍	山中商会，1930 年流入日本→1938 年转卖于藏家。
42	元官窑贯耳壶	北京保利 2015 年春拍	日本山中商会旧藏，1918 年 伦敦苏富比，2010 年秋拍，拍品 185
43	定窑白釉印花葵口碗	香港佳士得 2014 年春拍	成交价 2279 万元人民币（山中商会→瑞典卡尔坎普→2008 年苏富比→2014 年佳士得）

七　山中商会经手重要中国文物艺术品彩图

彩图 1　唐干漆夹苎坐佛像
原属河北正定隆兴寺，1917 年山中商
会在北京收购后转卖美国
现藏美国纽约大都会博物馆

彩图 2　隋或初唐干漆夹苎佛像
原属河北正定隆兴寺，1917 年山中商会
在北京收购后转卖美国
现藏美国华盛顿弗利尔美术馆

彩图3 北魏鎏金青铜佛像（两件）
1925年购自纽约山中商会分店，22.5万美元，洛克菲勒二世夫人艾比捐赠
现藏美国纽约大都会博物馆

彩图4 北魏鎏金菩萨像
正光二年（521）铭
1939年山中商会东京"东洋古美术展观"展品6

彩图 5　唐汉白玉菩萨立像
1926 年购自山中商会，洛克菲勒二世夫人艾比捐赠
现藏美国纽约大都会博物馆

彩图 6　隋大理石立佛像
1943 年山中商会纽约"中国及其他远东艺术品专拍"拍品 407，成交价 1750 美元，富勒捐赠
现藏美国西雅图艺术博物馆

彩图 7　金彩绘木雕水月观音坐像
1920 年购自山中商会，木雕背后文字表明原属山西稷山县
现藏美国波士顿美术馆

左上：彩图 8　唐天龙山石窟砂岩石如来倚坐像（第 21 窟）

1934 年山中商会"中国、朝鲜古美术展观"展品 377，日本指定重要文化财
现藏日本东京国立博物馆

右：彩图 9　唐天龙山石窟菩萨头像（第 14 窟）

来源山中商会
现藏日本东京国立博物馆

左下：彩图 10　隋天龙山石窟砂岩石金刚力士像（第 8 窟）

1939 年山中商会东京"东洋古美术展观"展品 12，成交价 10 万日元
现藏日本京都藤井有邻馆

彩图 11　西周青铜牛觥
1913 年山中商会纽约"恭王府宝物专拍"拍品 311，成交价 5200 美元
现藏美国纽约大都会博物馆

彩图 12　西周早期告田觥
陕西省宝鸡戴家湾出土
山中商会购自天津，先后转手波士顿希金森、东京大藏龟、香港陈仁潜
现藏丹麦哥本哈根博物馆

彩图 13 商末周初青铜子龙鼎
传河南辉县出土,山中商会贩卖于日本私人,2006 年从香港回购,4800 万元人民币
现藏中国国家博物馆

彩图 14 商晚期或西周中期青铜父丁卣
"父丁"铭
山中商会旧藏,2018 年 10 月保利香港秋拍"欧美暨日本重要藏家收藏青铜器"拍品,成交价 897 万港元

彩图 15　南宋陈容《九龙图》（局部）
原属恭王府藏品，1917年罗吉以2.5万美元购自山中商会
现藏美国波士顿美术馆

彩图16　南宋陈容《六龙图》
1915年醇亲王付售与山中商会，转手售与藤田美术馆
2017年3月纽约佳士得"藤田专场"拍品，成交价4350万美元，右图为当时的售卖凭证

彩图 17　清高其佩
《牵马图》
1935 年购自伦敦山中商会分店，富勒捐赠
现藏美国西雅图艺术博物馆

彩图 18　明德化白釉观音立像
1931 年购自山中商会，2500 美元，富勒捐赠
现藏美国西雅图艺术博物馆

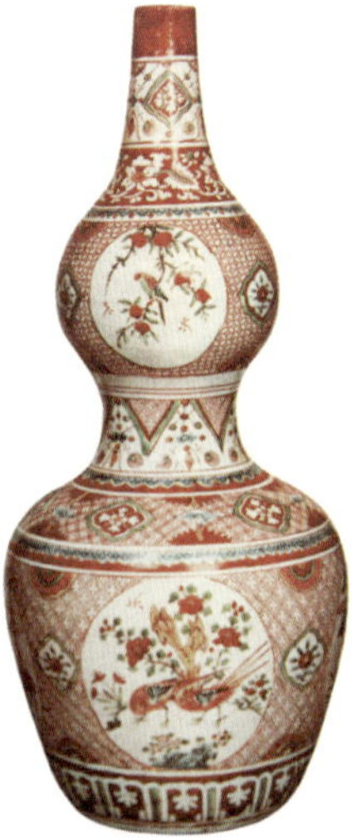

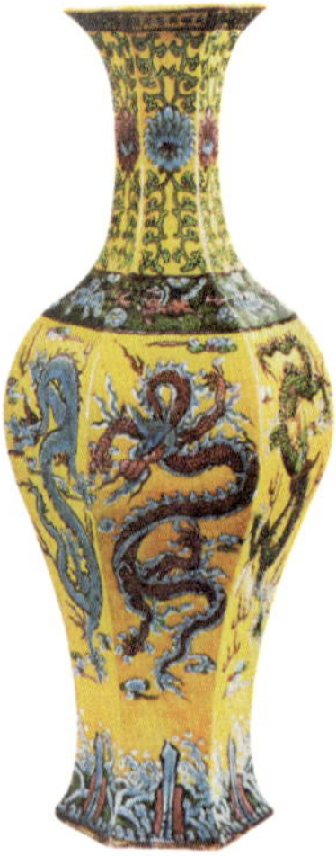

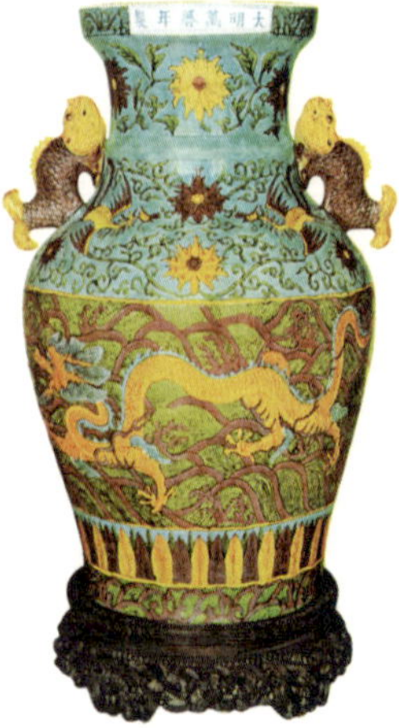
大明萬曆年製

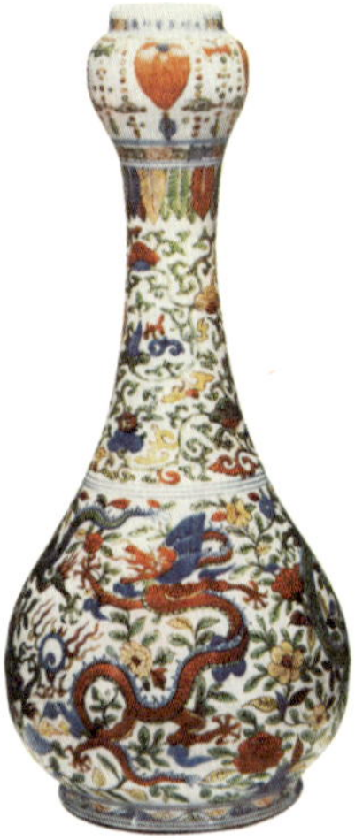

对页左上：彩图 19　明嘉靖五彩开光花鸟纹葫芦瓶
1934 年山中商会东京"中国、朝鲜古美术展观"展品 642

对页右上：彩图 20　明万历黄地三彩龙纹六角瓶
1935 年山中商会大阪"中国古美术展览会"展品 4

对页左下：彩图 21　明万历素三彩龙凤纹鱼耳瓶
1934 年山中商会东京"中国、朝鲜古美术展观"展品 118

对页右下：彩图 22　明万历五彩龙纹蒜头瓶
1934 年山中商会大阪"日本古陶瓷中国古美术展览会"展品 301

彩图 23　明万历五彩莲池水禽纹圆盒
1939 年山中商会东京"东洋古美术展观"展品 90

彩图 24　清康熙豇豆红菊瓣瓶
1943 年山中商会纽约"中国及其他远东艺术品专拍"拍品 871

彩图 25　清康熙豇豆红长颈瓶
1934 年山中商会东京"中国、朝鲜古美术展观"展品 554

彩图 26 清康熙五彩桃鸟纹盘
1934 年山中商会东京"中国、朝鲜古美术展观"展品 220

彩图 27　清乾隆粉彩九子方瓶
1934 年山中商会东京"中国、朝鲜古美术展观"展品 366

彩图 28　清乾隆茶叶末蕉叶羊耳尊
1934 年山中商会东京"中国、朝鲜古美术展观"展品 623

彩图 29　清雍正珐琅彩梅纹盘
来源山中商会，日本唯一指定
为重要文化财的清代瓷器
现藏日本东京国立博物馆

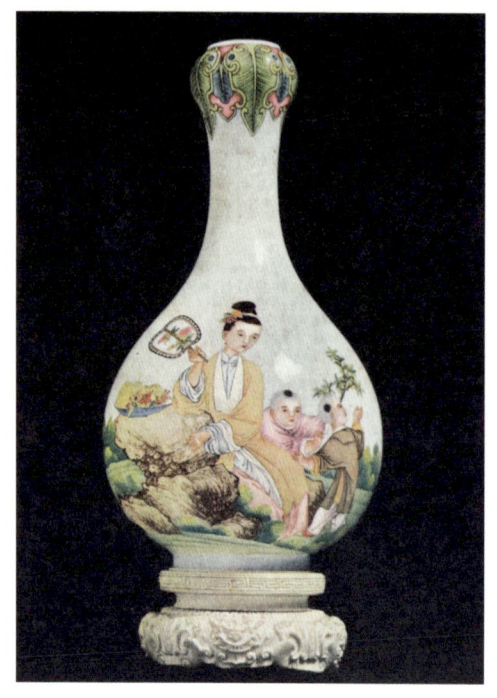

彩图 30　清乾隆珐琅彩人物图瓶
1943 年山中商会纽约"中国及其
他远东艺术品专拍"拍品 1203，
成交价 6 万美元
现藏美国华盛顿弗利尔美术馆

彩图 31　清乾隆狮纽活环翡翠香炉
1934 年山中商会东京"中国、朝鲜古美术展观"展品 751

彩图 32　清乾隆御制紫檀漆地嵌玉圆光大座屏一对
1913 年山中商会纽约"恭王府宝物专拍"拍品 199
2010 年香港佳士得秋拍，成交价 3202 万港币